이 도시를 사는 법

Living in this City

이 도시를 사는 법

차례 *Contents*

서울을 바라보는
서른 개의 시선

일과 삶의 경계에서 '서울'은
우리에게 어떤 의미를 지닐까?

과거와 미래,
아날로그와 디지털,
옛것과 새것이 공존하는 서울,
익숙해질 즈음이면
금세 낯설어지는
서울의 속도와 변화에
위축되곤 하지만,
그렇기에 우리는 이 도시에
매혹되었는지도 모른다.

서울의 라이프스타일 리더
30인이 말하는
'이 도시를 사는 법'을 통해
서울의 진면목을
경험하길 바라며!

ㄱ~ㅂ

강세영, 배달의 민족 브랜드 마케터

김만나, 디자인프레스 편집장

김예람, 블림프 콘텐츠 디렉터

김예지, 플레이스 아카이브 운영자

김용찬, mykc 공동대표

김지은, 비이커 바이어

박기민, MMK 대표

박이랑, 현대백화점 크리에이티브 디렉터

박찬빈, 맹그로브 커뮤니티 기획팀 리더

ㅅ~ㅇ

서동한, 스튜디오 프레그먼트 대표

서은아, 메타 글로벌 비즈니스 마케팅 동북아 총괄 상무

소호, 모빌스그룹 기획 디렉터

신소현, 오이뮤 대표

심석용, 파카이파카이 브랜드 디자이너

유보라, 보마켓 대표

유현선, 워크룸 그래픽 디자이너

이경화, (전)무신사 리테일 기획 및 공간디자인 디렉터

이봄, SK D&D, ESG 파트 매니저

이연수, 분더샵 바이어

서울은
단단한 브랜드가
되어 가고 있다

강세영 배달의 민족 브랜드 마케터

배달 플랫폼 배달의 민족에서 브랜드 마케터
로 일하며, 배달의 민족 고유의 브랜드 정체성
을 만드는 다양한 프로젝트를 진행하고 있다.
@hello.seyoung

당신이 생각하는 서울의 단상은 어떠한지 궁금합니다.
신입 때는 야근을 많이 했는데, 대중교통이 끊기면 택시를 타고 집에
가곤 했어요. 잠실에서 광명까지 서울 정중앙을 가로질러 달리면 한강,
63빌딩, 국회의사당 등 서울을 상징하는 랜드마크를 다 볼 수 있었죠.
택시 뒷자리에 앉아 이어폰으로 노래를 들으면서 가면 피로와 스트레스가
풀리는 것 같아 기분이 좋았어요. 뭔가 어른이 된 것 같은 느낌도 들었고,
지금도 올림픽대로를 탈 때면 그때 생각이 납니다.
　현재 서울에서 개인적으로 가장 좋아하는 지역과 그 이유가
궁금합니다. 잠실. 9년째 직장생활을 하고 있는 지역이기도 하고, 실제로
살아본 적도 있어서 저에게는 제2의 고향처럼 느껴지는 곳이에요.
석촌호수와 올림픽공원이 있어서 산책하기도 좋고, 봄이면 꽃구경
하기에도 좋죠. 최근에는 송리단길이라고 해서 핫한 가게들도 계속해서
늘어나고 있어요. 골목마다 돌아다니며 구경하는 재미가 쏠쏠합니다.

현재 서울에서 가장 주목하고 있는 지역이 있다면 어디인가요? 혹은 앞으로 주목받으리라 예상되는 지역이 있다면요?

현재 가장 주목받는 지역이라고 하면 성수와 용산이 떠오르지만, 제가 계속 관심이 가는 지역은 북촌과 서촌이에요. 지금은 이국적인 분위기를 물씬 풍기는 가게들이 인기를 얻지만 결국 가장 한국답고 서울다운 것들을 찾게 될 것이라 생각합니다.

당신이 속한 분야의 현재 흐름이나 경향은 어떻다고 생각하나요?

서울의 F&B 발전은 놀라워요. 10년 전과 비교해 보면 미식 경험이 매우 다채로워졌죠. 어느 도시를 가도 서울의 식당만큼 맛과 비주얼을 신경 쓰는 곳이 없어요. 모든 가게에 다 들어가서 경험해 보고 싶은 정도죠. 단순히 음식을 판매하는 것뿐만 아니라 단단한 브랜드를 만들고 있다고 생각해요. 그 영향력이 어디까지 뻗어 나갈지 흥미롭게 지켜보고 있어요.

인사이트를 얻기에 서울은 적합한 도시인가요? 어떤 부분이 그런지 말씀해 주세요. 식상한 말처럼 들리지만, 서울은 전 세계 어느 지역보다도 트렌디한 도시라고 생각해요. 도쿄의 신오쿠보에 가보면 마치 서울 대학가에 온 듯해요. 치킨집과 삼겹살 집이 널렸고 일부러 한국어로 간판을 만들기도 하죠. 베트남만 가도 한국식 카페들이 인기가 많아요. 서울에서 통하는 것이 다른 나라에서도 통하는 것이라고 봐도 과언이 아닌 것 같아요. 서울은 변화의 흐름이 잘 보이는 곳이라 마케터에게는 최적의 인사이트를 주는 도시예요.

'좋은 공간'의 기준이 있다면 무엇인가요? 트렌디한 서울이 좋기도 하지만 가끔은 너무 빨라 아쉬울 때가 있어요. 1년 후, 5년 후에 가도 계속 같은 자리를 지키는 상점이 많아질 수 있는 환경이 되면 좋겠어요. 반짝하고 사라지는 팝업 스토어가 대세가 된 요즘 같은 시대에 어울리지 않는 이야기일지도 모르지만, 자기만의 철학을 가지고 장사를 이어가는 곳이 더욱 많아지길 바랍니다.

현재 눈여겨보고 있는 서울 기반의 브랜드 혹은 공간이 있다면 소개해 주세요. 현대카드 디자인 라이브러리. 책이 많고 마음껏 독서할 수 있는 공간을 좋아하는데, 이곳은 분위기와 풍경, 배어드는 향 등 모든 것이 조화로워요. 브랜딩과 디자인 관련한 책도 많고요. 비슷한 이유로 이태원에 있는 '그래픽'도 좋아합니다.

몸 담고 있는 분야의 비즈니스를 위해 해외에서 서울을 방문한 사람이 있습니다. 그에게 하루 동안의 서울 여행 코스를 제안한다면? 무조건 안국으로 갈 거예요! 경복궁과 북한산의 풍경을 보면 바로 서울의 매력에 빠질 거라고 생각해요. 근처에는 트렌디한 가게도 많죠. '이라선', 'ofr seoul', '더북소사이어티' 등의 매력적인 서점들과 '프린츠', '어니언 안국', 'mk2'등의 훌륭한 카페들도 경험하게 해주고 싶어요. 시간이 허락할지 모르겠지만 '정독도서관'이나 '보안여관'까지 갈 수 있으면 좋겠네요.

당신에게 가장 많은 영감을 준 서울의 공간을 소개해 주세요. 현대카드 디자인 라이브러리, 정독도서관, 국회도서관, 육장정, 멘야하나비, 몬탁, 메종엠오, 치즈플로, 앤트러사이트, 소전서림

크고 작은 공간이 생성과 소멸을 반복하는 서울에서 트렌드와 상관없이 자주 방문하는 단골 상점이 있다면 소개해 주세요. 그 이유가 궁금합니다. 잠실에서 좋아하는 식당이 두 곳이 있는데요. '육장정'과 '멘야하나비'입니다. 일이 끝나고 묵직하고 맛있는 식사를 하고 싶다는 생각이 들 때마다 들르는 곳이에요. 육장정은 육개장 단일메뉴를 판매하는 식당인데, 진한 빨간 국물을 한술 뜨면 스트레스가

다 날아가는 것 같아요. 멘야하나비는 개인적으로 서울에서 가장 맛있는 마제소바를 먹을 수 있는 곳이라고 생각합니다. 잠실의 자랑이라고 말하고 싶을 정도예요.

다이내믹 그 자체, 서울

김만나 디자인프레스 편집장
네이버와 디자인하우스 합작 기업인 디자인
프레스의 편집장으로 지내고 있다. 주로 디자
인, 건축, 예술 분야를 취재하고 글을 쓴다.
@mannakim_reviewer

당신이 생각하는 서울의 단상은 어떠한지 궁금합니다.
25살 이후로 서울에 직장을 두고 일해왔습니다. 반면, 주거지는 서울
주변 경기도로 초반에는 부천에 살다가 현재는 용인과 분당의 경계점에
살고 있습니다. 비싼 주거비를 감당하지 못해 1기 신도시를 떠도는
영혼 중 하나로, 직주근접의 꿈을 언젠가는 이루고 싶습니다. 경기도
주민으로서 드라마 '나의 해방일지'를 아주 공감하며 보았습니다.

현재 서울에서 개인적으로 가장 좋아하는 지역과 그 이유가
궁금합니다. 신사동 도산 사거리 일대. 30대 내내 일했던 잡지사가
도산 사거리에 있었어요. 마지막에 잡지사가 망하는 바람에 9년 근무한
퇴직금도 못 받고 그간 수고했다는 작별 인사도 나누지 못한 것이
한동안 상처가 되었지만, 돌이켜 보니 그래도 그 시절이 찬란했다는 걸
알게 되었습니다. 그곳에 가면 지금도 마음이 편안해지는 걸 느껴요.
결국 어떤 동네의 느낌이라는 건 한마디로 규정할 수 없고, 개인마다
어떤 시절을 보냈느냐에 따라 달라지는 것 같습니다.

현재 서울에서 가장 주목하고 있는 지역이 있다면 어디인가요? 혹은 앞으로 주목받으리라 예상되는 지역이 있다면요? 안국동 일대. 조만간 공예박물관 옆으로 이건희 컬렉션 미술관이 지어진다고 합니다. 이건희 컬렉션 미술관 부지를 현재는 공원으로 개방해 두었는데 이름을 '열린송현녹지광장'이라 붙였어요. 이곳을 여러 번 지나치면서 느낀 건, 도심 한복판에 밀도가 낮은 장소가 있다는 것 자체가 도시 분위기를 여유롭게 만든다는 점이에요. 이곳을 비롯해 안국동 일대의 변화를 좋은 사례로 꼽는 이유는, 10년에 걸쳐 서서히 변화가 진행되었기 때문입니다.

인사이트를 얻기에 서울은 적합한 도시인가요? 어떤 부분이 그런지 말씀해 주세요. 미국 쿠퍼티노 애플 본사에서 일하다 서울에 있는 스타트업으로 직장을 옮긴 디자이너를 알고 있습니다. 그가 미국에 다시 들어갈 일이 있어 갔다가 옛 동료를 만났는데 그들이 이렇게 말했다고 합니다. "세계에서 가장 힙한 도시, 서울에서 일하는 기분이 어때?" 영화 <기생충>, BTS와 블랙핑크 이후로 한국 문화에 대한 외국인의 관심이 커졌다는 반응을 실감합니다. 미술계에서 일하는 한 갤러리스트는 '프리즈 Frieze'가 서울에서 개최되면서 덩달아 '키아프 Kiaf'의 명성이 높아졌다는 걸 실감한다고 이야기했어요. 세계적인 아트페어가 서울을 아시아의 아트 도시로 낙점한 것도 그렇고, 명품 패션 브랜드가 어마어마한 돈을 들여 서울에서 글로벌 최초 행사를 진행하는 경우도 늘고 있습니다.

'좋은 공간'의 기준이 있다면 무엇인가요? '어떤 태도로 상점을 시작했는가'라는 질문에 콘셉트와 철학, 정체성을 포함하고 있을 것이라고 생각해요. 그에 따라 서비스 또한 수반되리라 봅니다.

한편 품질은 상점의 기본이자 알맹이에요. 품질이 떨어지면 아무리 포장한다고 해도 감출 수 없죠. 톤앤매너의 경우 상점의 이름부터 패키지, 공간 경험이 정체성에 맞게 일관된 것을 뜻합니다. 그걸 잘하면 소위 말하는 브랜딩을 잘한 가게가 되는 것이겠죠. 이 부분까지 생각한다면 계속 발전할 것이고 이 부분을 생각하지 못한다면 사라지는 상점 중 하나가 될 거라 생각합니다.

현재 눈여겨보고 있는 서울 기반의 브랜드 혹은 공간이 있다면 소개해 주세요. 비건타이거. 동물성 재료를 쓰지 않는 패션 브랜드로, 디자이너 출신 양윤아 대표가 2015년에 론칭했습니다. '비건타이거'는 원래 양윤아 대표의 별명이었다고 해요. 현실을 직시하고 분노를 표현하는 그를 두고 친구들은 '채식하는 호랑이'라 불렀다고요. 비건 소재를 사용하면서도 입고 싶은 옷을 만들자하는 마음에 국내에서 소재 개발도 적극적으로 하고 있습니다. 감으로 유명한 경상북도 청도로 달려가 감을 사용한 소재를 개발하면서요. '없으면 내가 만든다' 라는 정신이 근사하고, 이제는 해외패션위크에 오르는 브랜드가 되었을 정도로 디자인도 끝내줍니다.

몸 담고 있는 분야의 비즈니스를 위해 해외에서 서울을 방문한 사람이 있습니다. 그에게 하루 동안의 서울 여행 코스를 제안한다면? 한강을 중심으로 강남과 강북을 고루고루 경험할 수 있는 코스를 제안하고 싶습니다. 먼저 이른 오전, 한강의 풍경을 가장 잘 경험할 수 있는 선유도공원으로 안내합니다. 이후 공예박물관과 창경궁 일대, 아라리오 뮤지엄을 둘러본 후 한식 파인다이닝 '묘미'에서 점심을 먹고요. 청계천 세운상가 내에 자리한 '시낭' 프레그런스 숍과 '소요서가' 서점을 구경하고, '피크닉'에서 전시를 관람합니다. 한남동 '현대카드 디자인 라이브러리'에서 휴식을 취하고, 한남대교를 타고 강남으로 넘어갑니다. '스페이스씨'와 '프레인빌라' 중 한 곳을 방문하고, 저녁으로 엄태준 셰프가 이끄는 레스토랑 '솔밤'에 간 후 시티뷰가 인상적인 '파크 하얏트 서울'에서 머무르면 완벽하게 서울을 즐길 수 있을 거예요.

당신에게 가장 많은 영감을 준 서울의 공간을 소개해 주세요. 소요서가, 니은서점, 토마스파크, 피크닉, LCDC SEOUL, LG아트센터, 프레인빌라, 스페이스씨, 아모레퍼시픽 본사, 꿈마루

크고 작은 공간이 생성과 소멸을 반복하는 서울에서 트렌드와 상관없이 자주 방문하는 단골 상점이 있다면 소개해 주세요. 그 이유가 궁금합니다. 포스트 포에틱스. 한남동에 위치한 예술 서점으로, 공간을 운영하는 조완 대표의 미감이 워낙 뛰어나 이곳에 가면 시간 가는 줄 모르고 머무르게 됩니다. 책 한 권 한 권이 미지의 예술 세계로 이끄는 기분이 드는 것 같아요.

만약 서울에 공간을 만든다면 어떤 공간을 만들고 싶나요? 밀라노에 갔을 때 '아, 이곳이구나!' 싶은 곳을 만났어요. 밀라노 디자인의 대모라 일컬어지는 로사나 오를란디 Rossana Orlandi 갤러리스트가 운영하는 갤러리였죠. 마당이 있는 2층 주택 형태로 마당 격인 야외에 테이블이 있어 샌드위치와 음료를 즐길 수 있는 곳으로 디자이너들의 사랑방 느낌이 나는 그곳의 자유로운 분위기를 잊을 수 없어요. 언젠가는 이러한 분위기의 미술 갤러리를 운영해 보고 싶어요. 현대미술, 공예, 디자인을 아우르는 한국 작가를 소개하고 김밥과 화이트 와인을 판매하는 캐주얼 다이닝 공간을 겸하는 거예요. 또 한쪽으로는 요가원이 있으면 좋겠고요. 공용 공간으로 테라스가 있어서 그곳에 해먹을 달아 두고 싶습니다. 누구나 낮잠도 자고 휴식도 취할 수 있게요.

서울은 당신에게 어떤 인사이트를 주는 도시인가요?

한남동이나 도산사거리 일대에 수준 높은 파인 다이닝 레스토랑이
점차 늘고 있고, 브랜드의 팝업 스토어와 전시는 일일이 기억할 수
없을 정도입니다. 디자인프레스에서 운영하는 팝업 컬처 플랫폼
헤이팝을 보면 365일 얼마나 다양한 이벤트가 열리는지, 완성도 높은
공간을 만들기 위해 브랜드가 어떻게 고군분투하는지 알 수 있습니다.
서울을 대표하는 슬로건 중 개인적으로 가장 잘 어울리는 단어는
'다이내믹'이라 생각해요.

남이 아닌,
나의 비즈니스를
들여다보기

김예람 블림프 콘텐츠 디렉터

블림프의 콘텐츠 디렉터로서 감도 높은 휴식의 공간을 소개하고 있다. 공간 경험 만족도를 높일 수 있는 프로그램을 기획하여 사람들에게 일상적인 휴식을 제안하는 MD 역할을 겸한다. @ram.ye

당신이 생각하는 서울의 단상은 어떠한지 궁금합니다. 학창 시절 내내 경기도 외곽 지역에서 거주하다가 대학교 입학을 기점으로 쭉 서울에서 생활하고 있습니다. 10년 넘게 한 도시에서 지내며 느낀 서울에 대한 단상은 서울이 매우 흐릿하다는 건데요. 지리 경계선이 무의미할 정도로 서울의 영향력이 거대해서 지역구분이 흐릿하게 느껴지는 것도 있고, 서울을 이루는 많은 요소들의 수명이 짧은 탓에 존재의 개념 자체가 옅은 도시처럼 보이기도 합니다.

서울이라는 도시에 대해 기억에 남는 에피소드가 있다면 들려주세요. 대학 시절 전공이 건축 설계였어요. 건축학도는 학기마다 짓고 싶은 건물의 위치를 자유롭게 고를 수 있는데, 그동안 제가 선택했던 땅은 모두 새로운 건물이 올라갔거나 재개발 구역으로 묶여 공사 중이에요. 이런 경우가 한두 번이면 우연이라고 생각했을 텐데, 우연이 열 번 정도 반복되니 '정말 서울은 언제 어느 곳이 사라지더라도 전혀 이상하지 않은 도시구나' 싶었어요.

현재 서울에서 개인적으로 가장 좋아하는 지역과 그 이유가 궁금합니다. 양가적인 기질을 타고나서인지 세상에 있는 거의 모든 대상에 대한 호불호가 극명하지 않은 편입니다. 저는 제 이런 성향을 닮은 서촌과 북촌을 좋아하는데요. 두 지역 모두 사회, 역사적으로 의미가 깊은 공간이 많아 다른 지역에 비해 새로운 무언가를 짓기가 까다로워요. 그럼에도 하드웨어를 잘 유지하면서 새로운 소프트웨어를 적절히 업데이트하고 있다고 생각합니다.

현재 서울에서 가장 주목하고 있는 지역이 있다면 어디인가요? 혹은 앞으로 주목받으리라 예상되는 지역이 있다면요? 조만간 연희동의 분위기가 크게 바뀌는 순간이 오지 않을까 싶어요. 주택가 중심의 상권이라 주차장도 넉넉하지 않고 지하철도 지나가지 않는데 2030년쯤, 서부선 경전철이 개통될 예정이잖아요. 단독주택을 카페로 리모델링하는 경우가 이곳의 일반적인 개발 방식이었는데, 접근성이 나아진 때에는 지금까지와는 다른 유형 또는 형태의 공간이 속속들이 생길 거라 기대하고 있어요.

당신이 속한 분야의 현재 흐름이나 경향은 어떻다고 생각하나요? 블림프는 현대인을 위한 안식의 공간을 소개하면서 오프라인 공간에서의 경험도 설계하는 미디어 커머스를 지향하고 있습니다. 말 그대로 미디어와 커머스가 결합된 비즈니스이다 보니, 두 분야의 환경 변화를 주시할 수밖에 없는데요. 최근 체감하고 있는 경향은 '미디어는 커머스가 되려 하고, 커머스는 미디어가 되려 한다'는 거예요. 요즘 미디어는 자신이 지닌 영향력을 무형의 가치가 아닌 수치로 증명하기 위해 구독 모델이나 상품을 판매하고 있는데요. 서비스의 성장을 위해 매출을 높이려는 목적도 있지만, 소셜미디어에서 벌어지는 속보 경쟁에서 벗어나 좀 더 오래 지속될 수 있는 콘텐츠를 만들기 위해 호흡을 조절하는 것처럼 느껴집니다. 반면 이미 매출이 공개된 커머스는 미디어처럼 사람들에게 꾸준히 가 닿는 콘텐츠를 만듦으로써 서비스의 지표를 안정화하려는 시도를 하고 있습니다.

인사이트를 얻기에 서울은 적합한 도시인가요? 어떤 부분이 그런지 말씀해 주세요. 도시의 높은 밀집도는 상관관계가 떨어지는 정보들 간에도 다양한 조합을 유발해 기존 데이터가 또 다른 데이터를 낳는 상황을 만들어 내는데요. 이러한 정보의 재생산 구조가 가장 공고히 유지되는 도시 중 하나가 바로 서울입니다. 다량의 정보가 도처에 있는 환경은 많은 미디어·커머스 서비스가 생겨나는 토양이 됐고, 그들은 콘텐츠·상품 제작에 필요한 재료를 발굴하고 가공하는 과정에서 큐레이션의 원칙을 쌓아가며 성장하는 중이죠. 데이터가 넘쳐나는 서울의 환경은 큐레이션의 원칙을 세우는 데 유리할 뿐만 아니라, 새로운 현상의 대두를 비교적 쉽게 목격할 수 있어 비즈니스의 다음 행보를 계획하는 데 큰 도움을 주기도 합니다.

'좋은 공간'의 기준이 있다면 무엇인가요? 상점을 운영하기 시작한다는 건 스스로 끊임없이 질문을 던지는 일상을 살아가야 한다는 걸 의미하기도 하죠. 그런 일상을 건강하게 가꿔 나가려면 '철학'이 반드시 필요해 보여요. 본인만의 확고한 철학이 있다면 어떤 순간이 와도 중심을 잃지 않고 적절한 선택을 낼 수 있을 테니까요. 또렷한 의식을 가진 상태에서 내린 결정이 공간에 누적되다 보면 상점의 '정체성'이 자연스럽게 생겨나요. 거슬리는 것 없이 하나의 공간으로 읽히게 만드는 통일감, 다른 장소에서는 느낄 수 없는 고유한 분위기가 정체성을 이루는 두 가지 중요한 축인 것 같습니다.

현재 눈여겨보고 있는 서울 기반의 브랜드 혹은 공간이 있다면
소개해 주세요. 브랜드를 지속하기 위해 돈을 잘 버는 것도 중요하지만,
어떤 메시지를 전달함으로써 사람들의 일상에 자리매김할지를 고민하는
일이 선행되어야 한다고 생각하는 편인데요. 그래서 숫자 너머의 가치를
생각하는 브랜드를 좋아하는 것 같습니다. 요즘에는 주방 가구 하나만으로
식탁 문화의 변화를 유도하는 'MMK', 예술작업을 꾸준히 탐미하게 만드는
'BGA웍스'와 '카바 라이프', 휴식의 중요성을 되새기게 하는 '에디션덴마크',
마음을 온전히 전하는 방법을 함께 고민하는 '글월'을 관심 있게 지켜보고
있어요.

당신에게 가장 많은 영감을 준 서울의 공간을 소개해 주세요.
프린츠, 토와, 파아프 랩, 슬로우스테디클럽, 더북소사이어티,
포인트오브뷰, TWL shop, 인시즌, 에움

크고 작은 공간이 생성과 소멸을 반복하는 서울에서 트렌드와
상관없이 자주 방문하는 단골 상점이 있다면 소개해 주세요. 그 이유가
궁금합니다. 단골을 사람에 비유하자면 별다른 이유 없이 갑자기
연락해서 만나도 전혀 부담스럽지 않은 친구 같은 거라고 생각해요.
시간이 흐르면서 용도는 달라졌지만 제자리를 잘 지키고 있는
'온그라운드', 언제 가더라도 평온한 시간을 보낼 수 있는 'mtl 효창'과
'앤트러사이트 서교', 직접 빚은 전통주와 함께 소박한 맛의 안주를
내어주는 '공간 뒷동산'이 제겐 편안한 친구나 다름없어요.

서울은 당신에게 어떤 인사이트를 주는 도시인가요?
수많은 무언가로 가득 채워진 서울은 레퍼런스가 엄청 많은 곳처럼
느껴지다가도, 어떨 때는 참고할 만한 게 너무나도 없다는 생각이 드는
도시입니다. 일시적인 대세를 따르는 경우가 대부분이라 사례가 많아도

다양하지는 않은 것이죠. 그래서 서울에 있으면 남이 아니라 스스로를 자꾸 바라보게 되는 것 같습니다. 누군가의 성공을 부러워하고 참고하는 것보다는 나의 비즈니스를 깊게 들여다보는 것에 시간을 더 쓰는 건데요. 그 고찰의 시간을 통해 생긴 인사이트는 분명 제가 서울에 있어서 얻을 수 있는 것이라 생각합니다.

무수히 많은 인사이트가
밀집된 도시

김예지 플레이스 아카이브 운영자

인스타그램을 통해 공간을 소개하는 채널 플레이스 아카이브의 운영자. 일상 속 영감이 되어줄 감각적인 공간을 경험하고 기록하고 있다. @place_archive

당신이 생각하는 서울의 단상은 어떠한지 궁금합니다.
현재 서울에 거주하고 있습니다. 업무 특성상 트렌디한 공간을 자주
방문하는데, 서울은 그에 아주 적합한 도시라는 생각이 들어요.

서울이라는 도시에 대해 기억에 남는 에피소드가 있다면
들려주세요. 공간 소개 채널을 운영하면서 다녀와 본 곳, 또는
소셜미디어에서 찾은 눈에 띄는 장소들을 네이버 지도에 저장하고
있는데요. 네이버 지도 저장 개수는 2,000개로 다른 사람들에게는
충분할지 모르겠지만 저에게는 턱없이 부족한 숫자라고 생각했습니다.
서울에 속한 공간만 저장한 것임에도 불구하고 말이죠.

현재 서울에서 개인적으로 가장 좋아하는 지역과 그 이유가
궁금합니다. 성수동과 한남동, 북촌, 이 세 곳을 가장 좋아합니다.
'팝업의 성지'로 불리는 성수동은 시시각각 변화하는 트렌드를 읽고자
자주 방문하고 있으며, 한남동과 북촌은 갤러리와 미술관이 밀집해
있는 지역으로 주로 전시 관람을 위해 방문합니다. 한남동은 최근
감각적인 스토어들과 F&B가 많아져 볼거리가 더욱 다양해진 것 같아요.

현재 서울에서 가장 주목하고 있는 지역이 있다면 어디인가요? 혹은 앞으로 주목받으리라 예상되는 지역이 있다면요? 여전히 성수동인 것 같아요. 현재도 가장 트렌디한 지역이지만 위치와 지역 규모상 계속 발전해 나갈 가능성이 있다고 생각합니다. 방문할 때마다 크게 변화하는 것이 느껴져, 앞으로가 더욱 기대되는 곳입니다.

인사이트를 얻기에 서울은 적합한 도시인가요? 어떤 부분이 그런지 말씀해 주세요. 좋은 공간을 알리고자 시작하게 된 인스타그램 채널 운영자로서 국내 지역 어디든 제한을 두지 않고 직접 공간을 방문하며 소개하고 있습니다. 지금까지 업로드된 게시글의 95% 이상은 서울 지역 내 공간으로, 그만큼 많은 인사이트들이 서울에 밀집되어 있다고 생각합니다.

'좋은 공간'의 기준이 있다면 무엇인가요? 확실한 콘셉트와 철학, 정체성의 세 가지 키워드가 공간의 쓰임을 결정짓는 가장 큰 요소인 것 같아요.

현재 눈여겨보고 있는 서울 기반의 브랜드 혹은 공간이 있다면 소개해 주세요. 브랜드로는 PHYPS(피지컬 에듀케이션 디파트먼트), 레코드, 뚜까따, 카멜커피, 오설록, 까누누레, 보마켓이 있고, 공간으로는 워킹위드프렌드, 하하우스 등이 있습니다.

몸 담고 있는 분야의 비즈니스를 위해 해외에서 서울을 방문한 사람이 있습니다. 그에게 하루 동안의 서울 여행 코스를 제안한다면? 문화역서울 284의 기획 전시를 시작으로 한남동에서 성수동으로 넘어가는 코스를 제안할 것 같아요. 먼저 한남동에서는 리움미술관과 현대카드 바이닐앤플라스틱을 중심으로 문화생활을 향유할 수 있는 공간들을 소개하고 성수동에서는 '엠프티', '아더 성수 스페이스',

'이구성수', '비이커' 등 감도 높은 한국의 브랜드 스토어를 소개하고 싶습니다. 더불어 연무장 카페거리에 위치한 개성 있는 카페들과 간판에 R이 붙어있는 공간대여 플랫폼의 시초 '프로젝트 렌트'도 성수동의 정체성을 보여주는 좋은 예시가 될 것 같습니다.

당신에게 가장 많은 영감을 준 서울의 공간을 소개해 주세요. 문화역서울 284, 리움미술관, 아모레퍼시픽미술관, 국립현대미술관, 송은, DDP, space B-E 갤러리, 십화점, 하하우스, 챕터원 에디트

크고 작은 공간이 생성과 소멸을 반복하는 서울에서 트렌드와 상관없이 자주 방문하는 단골 상점이 있다면 소개해 주세요. 그 이유가 궁금합니다. 이구성수, 엠프티, 젠틀몬스터 & 탬버린즈, 챕터원 에디트, 콘란샵, 하하우스, 현대카드 바이닐앤플라스틱, 피치스 도원. 소비자로서 부담 없이 방문할 수 있는 공간이자 단순한 스토어가 아닌 매번 달라지는 콘텐츠와 구성으로 자주 찾게 됩니다.

서울은 당신에게 어떤 인사이트를 주는 도시인가요? 변화하는 트렌드를 빠르게 캐치하고 사람의 심리, 욕망을 읽을 수 있는 곳.

서울은 과감한 시도가
가능한 도시

김용찬 mykc 공동대표
디자인 스튜디오 mykc의 공동대표. 그래픽
디자인을 기반으로 출판, 제품, 공간, 브랜딩
등 분야를 막론하고 감도 높은 디자인을 선보
이고 있다. @yck.yck.yck.yck

당신이 생각하는 서울의 단상은 어떠한지 궁금합니다.
한강을 기준으로 동서남북이 너무나 다른 속성을 갖고 있기 때문에
솔직히 지금도 서울의 정체성이 무엇인지 잘 모르겠습니다. 20대부터
30대 중반까지는 강남을 거점으로, 30대 중반 이후로는 강북을
거점으로 활동하고 있는데요. 어린 나이에 경험한 강남은 화려한
빌딩과 자동차, 명품이 즐비해 부담스럽게만 느껴졌습니다. 현재는
청와대 근처 창성동에 mykc 스튜디오가 위치해 있어서, 정서적으로 더
안정되는 것 같아요.

서울이라는 도시에 대해 기억에 남는 에피소드가 있다면
들려주세요. 2016년 말, 광화문이 촛불의 열기로 뜨겁던 당시
저희 스튜디오는 청와대에서 불과 100미터 남짓한 곳에 있었어요.
스튜디오에 들어가려면 경찰의 차 벽 앞에서 신분을 확인하고 스튜디오
앞까지 경찰이 동행해야 출입이 가능한 상황이었죠. 시민들의 촛불이
향하는 그곳의 안쪽 골목에서 연말에 몰린 업무들로 마감하느라
정신없던 기억이 있습니다. 건축적으로는 광장문화가 그렇게

발전한 도시는 아닌 것 같은데, 시민이 참여해 목소리를 내는 것을 보면 문화적으로는 광장문화가 많이 발전된 도시 같아요.

현재 서울에서 개인적으로 가장 좋아하는 지역과 그 이유가 궁금합니다. 통의동과 창성동, 계동 주변을 좋아합니다. 시간이 지날수록 복잡하고 빌딩이 많은 곳보다 하늘과 건물의 경계가 보이는, 골목골목에 이야기가 있는 공간들이 좋아지는데요. 그런 점에서 정말 매력 있는 동네라고 생각합니다.

현재 서울에서 가장 주목하고 있는 지역이 있다면 어디인가요? 혹은 앞으로 주목받으리라 예상되는 지역이 있다면요? 마찬가지로 통의동이에요. 청와대에서 용산으로 대통령 공간 이전 후, 여러 보안과 제한이 해제되면서 다양한 공간들이 생겨나고 있습니다. 특히 한옥을 개조하여 만든 공간과 새로운 관점의 소규모 공간들이 많이 생겼는데요. 교토처럼 옛 도성과 다양한 상업 공간이 결합되어 지역 자체가 가진 문화적인 특성이 드러나는 것이 서촌에서 매력적으로 구현되고 있는 것 같습니다.

당신이 속한 분야의 현재 흐름이나 경향은 어떻다고 생각하나요? 특정한 트렌드로 쏠리는 현상은 지나간 것 같고 좀 더 다양한 관점에서 시각물을 바라보고 있는 것 같습니다. 다만 특정 세대를 대상으로 하는 디자인이 전체를 주도해 가는 것 같으며 그 안에서의 변화와 소비가 빠르게 이루어지고 있는 것 같아요. 디자인 스튜디오를 오랫동안 유지하기 위해서는 자신만의 관점과 완성도를 가지고 변화의 흐름에 유연하지만 일관되게 반응하는 것이 중요하다고 생각합니다.

인사이트를 얻기에 서울은 적합한 도시인가요? 어떤 부분이 그런지 말씀해 주세요. 변화가 빠르고 다양한 시도들도 많이 이루어지고 있어,

전통적인 시각 조형의 관점을 벗어난 새로운 시각의 인사이트를
얻기에는 좋은 도시인 것 같아요. 모든 것이 혼재되는 도시여서
시각물들도 과감성이 드러나는 것들이 많아요. 타이포그래피만 봐도
실험적인 표현을 넘어, 아예 못나 보이게 만드는 것도 매력적으로
받아들여지는 것 같습니다.

　'좋은 공간'의 기준이 있다면 무엇인가요? 좋은 곳이라고 굳이
드러내지 않아도 좋음이 느껴지는 곳.

　현재 눈여겨보고 있는 서울 기반의 브랜드 혹은 공간이 있다면
소개해 주세요. TYE. 서울의 브랜드는 기본적으로 모방과 그것을
변형해 자기화하는 면이 뛰어나다고 생각합니다. 그렇지만 자기화한
것을 일관되게 유지하고 더 깊이 있게 만들어가는 것을 잘하는
브랜드는 많지 않죠. TYE는 레트로한 감성에 고유의 스타일과 브랜드
포지션을 가지고 전개하는 가방 브랜드입니다. 요즘 브랜드의 전개
방식처럼 자극적이지 않으면서도 그들만의 고유한 스타일을 고수해
나가는 것을 보면 앞으로가 더 기대됩니다.

　몸 담고 있는 분야의 비즈니스를 위해 해외에서 서울을
방문한 사람이 있습니다. 그에게 하루 동안의 서울 여행 코스를
제안한다면? 오전에는 남산과 경복궁, 국립현대미술관을 방문하여
서울의 랜드마크와 헤리티지를 보여주고 싶어요. 점심 식사는 명동의
하동관에서 한국식 패스트푸드를 맛보고, 여의도의 더현대 서울에서
가장 최신의 감각을 경험하면 좋을 것 같습니다. 저녁에는 이태원의
바다식당에서 식사를 하고, 그랜드 하얏트 서울의 갤러리에서 서울의
야경을 감상하며 마무리합니다.

당신에게 가장 많은 영감을 준 서울의 공간을 소개해 주세요.
남산 소월길, 워커힐 피자힐, 창덕궁, 하동관 명동, 문화역서울 284,
삼일빌딩, GBH, 일민미술관, 북악산로, 공간사옥, 원남교당

크고 작은 공간이 생성과 소멸을 반복하는 서울에서 트렌드와
상관없이 자주 방문하는 단골 상점이 있다면 소개해 주세요. 그
이유가 궁금합니다. 카페 로우키. 개인적으로 이곳의 라테는 손에
꼽을 정도로 맛있다고 생각해요. 또한 그래픽 디자이너가 아닌 오너의
감성에 의존한 브랜딩 방식이 매력적인 곳입니다. 약간은 정리되지
않은 듯한 느낌이 완성도가 부족하지도, 과하지도 않은 적절한 상태를
유지하게 하는 것 같아 보이는데요. 그래서인지 매번 갈 때마다
편안함과 새로움이 공존하는 느낌을 받습니다.

서울은 당신에게 어떤 인사이트를 주는 도시인가요?
동시다발적으로 다양한 것들이 생겨나는 도시이다 보니 매일 새로운
것들을 발견하기에도 바쁜 도시 같아요. 시대의 트렌드에 공간들이
즉각적으로 반응하고 있다 보니, 브랜딩과 공간 그래픽들을 진행할
때 참고도 많이 되고 작업자 입장에선 항상 긴장되기도 합니다.
한편으로는 탄생과 소멸이 상당히 빨라서, 애착을 가지려는 순간에
사라지는 공간들이 많아 아쉽습니다.

서울, 급변하는 흐름의
한 가운데

김지은 비이커 바이어

삼성물산에서 전개하는 패션 편집숍 비이커
에서 바이어로 일하고 있다. 다양한 도시에서
얻은 영감을 바탕으로 서울의 패션 신을 선도
하는 데 앞장서고자 한다. @hottestbomb

당신이 생각하는 서울의 단상은 어떠한지 궁금합니다.
대학에 진학하면서 서울에 살기 시작했어요. 첫인상은 복잡하고
정신없다는 것이었는데, 오히려 그게 좋게 느껴졌어요. 열심히, 바쁘게
살수록 재미있는 경험을 많이 할 수 있는 곳이라서 마음에 들었다고
할까요? 지금은 직업 특성상 해외에 다닐 일이 많은데, 다양한 도시를
경험할수록 서울을 사랑하게 되는 것 같아요. 외국의 유명한 카페나
레스토랑에 가도 '서울에도 이 정도 하는 곳은 많은데?'라는 생각이
자주 들더라고요. 해외에 다녀올 때마다 역시 서울만 한 곳이 없다고
생각하곤 합니다.

서울이라는 도시에 대해 기억에 남는 에피소드가 있다면
들려주세요. 저와 같이 상경한 친구들과 이야기하다 재미있는 공통점을
발견한 적이 있어요. 서울에 처음 올라오던 날, KTX가 한강 다리를
건널 때 창밖으로 보이는 한강을 보면서 '내가 드디어 서울에 왔구나'
실감했는데, 친구들도 같은 순간 같은 감정을 느꼈더라는 것이죠. 이제는
고향에 산 기간보다 서울에 산 기간이 훨씬 더 길어졌지만, 여전히

기차를 타고 한강 다리를 건널 때면 그런 기분이 들어요.

현재 서울에서 개인적으로 가장 좋아하는 지역과 그 이유가 궁금합니다. 고민도 하지 않고 바로 꼽을 수 있는 곳은 한남동. 약 10년 동안 변하지 않은 부동의 최애 지역이에요. 동네마다 특유의 바이브가 있는데, 한남동은 홍대의 젊음과 자유로움, 청담동의 고급스러움 그 사이에 위치해 있는 것 같아 좋아해요. 힙하지만 무작정 유행을 좇느라 자신만의 속도와 방향성을 잃지 않는 곳이죠. 그렇다고 너무 세상과 동떨어져 나만의 것을 고집하지도 않고요. 이런 특징이 제가 추구하는 삶의 방향과도 결이 비슷해 좋아할 수밖에 없는 것 같아요.

현재 서울에서 가장 주목하고 있는 지역이 있다면 어디인가요? 혹은 앞으로 주목받으리라 예상되는 지역이 있다면요? 저는 조금 느리게 성장하는 지역을 좋아해요. 최근 옥수역과 금남시장을 중심으로 골목 속속들이 괜찮은 와인바와 카페들이 생기고 있는데, 오래된 전통시장과 핫플레이스가 어우러져 조화를 이루고 있어요. 주거지가 기반인 지역이라 과도한 젠트리피케이션 없이 동네만의 소소한 분위기가 계속 이어질 것 같은 점도 좋아요. 게다가 한강도 가까워서 도심 속 자연을 누리기에도 최적인 동네죠.

당신이 속한 분야의 현재 흐름이나 경향은 어떻다고 생각하나요? 개인적으로 지금 서울은 패션의 정점을 찍었다고 생각해요. 패션에 대한 관심도가 높아지면서 사람들은 점점 더 많은 돈과 시간을 패션에 투자하고 있죠. 세계적인 명품 브랜드뿐만 아니라, 탄탄하게 자리 잡아 가고 있는 내셔널 브랜드의 오프라인 스토어들도 연이어 오픈하고 있어요. 덕분에 사람들은 손쉽게 디자이너 브랜드를 소비하고, 자신이 원하는 것이 무엇인지 찾아갈 수 있게 되었죠. 단순히 옷을 사는 것이 아니라 내가 좋아하는 스타일과 소재, 브랜드를 찾는 행위를 즐기고 있는 것 같아요.

인사이트를 얻기에 서울은 적합한 도시인가요? 어떤 부분이 그런지 말씀해 주세요. 서울 사람들은 유행에 민감하고 새로운 것을 거부감 없이 잘 받아들여요. 뭐든 빠르게 유행하고 또 금방 사라지기도 하죠. 이러한 특성 때문에 서울에서 살아남고자 하는 브랜드들은 끊임없이 새롭고 멋진 콘텐츠를 만들어 내야만 해요. 업계 종사자 입장에서는 이것이 굉장한 스트레스지만, 동시에 인사이트를 얻기 좋은 환경이기도 하죠. 패션은 정체되어서는 절대 좋은 방향으로 나아갈 수 없기 때문에 이렇듯 빠른 속도의 서울과 패션업은 합이 좋다고 볼 수 있습니다.

'좋은 공간'의 기준이 있다면 무엇인가요? 철학은 상점을 운영하는 기본 토대라고 생각해요. 다양한 경험에서 우러난 자신만의 고집과 철학을 가진 곳은 누구나 쉽게 따라 할 수 있는 유행이나 트렌드와는 다른 진지한 성찰을 바탕으로 하기에 늘 굳건하죠. 품질은 필수 불가결한 요소예요. 식당은 음식이 맛있어야 하고, 카페는 커피가 맛있어야 하고, 옷 가게는 옷이 예뻐야 하죠. 소셜미디어가 발달하면서 당연한 요소가 뒷전으로 밀리는 경우가 많은데, 본질에 집중하지 못하는 공간은 좋은 공간이라 볼 수 없을 것 같아요. 마지막으로 공간이란 결국 사람과 사람이 만나는 곳이에요. 장소의 톤앤매너에 맞는, 서비스하는 사람들의 태도 또한 중요한 요소라고 생각합니다.

현재 눈여겨보고 있는 서울 기반의 브랜드 혹은 공간이 있다면 소개해 주세요. 세릭 Cerric. 2022년에 론칭한 브랜드로, Y2K 무드를 좋아하는 사람이라면 반드시 마음에 들어 할 아이템이 가득하죠.

처음에는 조금 어렵게 느껴질 수도 있는 스타일이지만, 독보적인 무드로 한 번 빠지게 되면 계속해서 세릭의 아이템으로 옷장을 채우게 될지도 몰라요.

당신에게 가장 많은 영감을 준 서울의 공간을 소개해 주세요. 앤트러사이트 한남, Small Batch Seoul, mtl 효창, KGML, 샐러드셀러, RTTC, 사운즈굿, 국립현대미술관, 송은, 에이스포클럽, Kompakt Record Bar

크고 작은 공간이 생성과 소멸을 반복하는 서울에서 트렌드와 상관없이 자주 방문하는 단골 상점이 있다면 소개해 주세요. 그 이유가 궁금합니다. 앤트러사이트 한남. 수많은 카페들이 생겼다 사라지는 서울에서 가장 사랑하는 카페를 꼽으라면 주저 없이 앤트러사이트 한남점을 이야기하고 싶어요. 분위기, 인테리어, 음악 등 그곳을 사랑하는 다양한 이유가 있지만, 이 카페를 드나드는 가장 큰 이유는 바로 커피가 맛있기 때문입니다. 분위기가 좋은 카페는 많아도, 커피가 맛있는 곳은 솔직히 많지 않아요. 앤트러사이트의 산미 있는 원두로 내린 라테는 언제 마셔도 만족스럽습니다.

서울은 당신에게 어떤 인사이트를 주는 도시인가요? 끊임없는 변화를 두려워하지 말고, 그 속에 뛰어들어 휩쓸리고 뒹굴며 나만의 것을 만들라 가르쳐주는 도시.

뜨겁게 달아오른 채
앞으로 나아가는 서울

박기민 MMK 대표

커스터마이징 주방 가구와 다양한 라이프스
타일 제품을 선보이는 MMK의 대표. 공간 디
자인 스튜디오 라보토리를 통해 무신사 스탠
다드 홍대 등 다양한 서울의 공간을 기획하기
도 했다. @museumofmodernkitchen

당신이 생각하는 서울의 단상은 어떠한지 궁금합니다.
저는 서울에서 태어났어요. 그렇지만 서울에 대한 기억을 형성하기도
전에 아버지의 사업으로 인해 전라도 광주로 내려갔죠. 스물다섯이
되어서야 다시 서울을 맞이했는데, 그때의 가슴 떨림이 잊히지
않아요. 당시 서울은 저에게 폭주 기관차처럼 뜨겁게 달아올라 빠른
속도로 달리는 존재였죠. 저 또한 그 위에 업혀서 빠른 속도에 맞춰
살아온 것 같아요. 서울은 기회와 가능성이 있는 곳이고, 내가 어떻게
살아가는지에 따라 유연하게 모습을 바꾸는 유기적인 존재라고
생각합니다.

**현재 서울에서 개인적으로 가장 좋아하는 지역과 그 이유가
궁금합니다.** 지금의 직장은 후암동에 위치해 있어요. 남산 자락에
자리하고 있는 후암동은 구릉지의 형태를 띠고 있어, 도시의 절경을
한눈에 담아낼 수 있죠. 떠오르는 동쪽 해와 지는 서쪽 해를 모두

감상할 수 있는 덕분에 음양이 조화로운 지역이라는 생각도 들어요.

현재 서울에서 가장 주목하고 있는 지역이 있다면 어디인가요? 혹은 앞으로 주목받으리라 예상되는 지역이 있다면요? 한남동이 떠오른 건 벌써 오래전 일이죠. 각계각층의 사람들이 융화되어 다양한 문화와 개성을 보여준다는 점에서 재미있는 동네인데요. 한남동의 인기는 당분간 계속해서 유지되지 않을까 싶어요.

당신이 속한 분야의 현재 흐름이나 경향은 어떻다고 생각하나요? 최근 들어 삶을 어떻게 하면 더 가치 있게 보낼 수 있을지에 대한 사람들의 관심이 더욱 높아진 것 같아요. 팬데믹으로 인해서 특히 집 안에서 보내는 시간의 소중함에 대해 깨닫게 되었고, 리빙을 바라보는 사고도 달라졌죠. 덩달아 주방에 대한 호기심도 커졌어요. 1인 가구가 늘어나면서 아파트의 레이아웃에 변화가 생겼고, 주방 공간이 일상 공간에 스며들고 있기 때문이거든요. 앞으로의 주방은 개인의 취향이 온전히 담긴 공간으로 다채롭게 바뀌어 갈 거라고 생각해요.

인사이트를 얻기에 서울은 적합한 도시인가요? 어떤 부분이 그런지 말씀해 주세요. 서울에서는 모든 장르와 분야가 서로 꼬리에 꼬리를 물고 교집합을 이루고 있어요. 그런 점에서 무엇을 관찰하든 분명 의미 있는 인사이트를 얻을 수 있을 거라 생각해요.

몸 담고 있는 분야의 비즈니스를 위해 해외에서 서울을 방문한 사람이 있습니다. 그에게 하루 동안의 서울 여행 코스를 제안한다면? 한국 전쟁 이후, 서울은 70년이라는 시간 동안 엄청난 발전을 이뤘어요. 조선시대부터 근대와 현대에 이르기까지 시간의 흐름을 인지할 수 있도록 서촌, 북촌의 공간부터 투어를 시작하면 좋을 것 같아요. 서울의 진화를 주제로요. 어떤 공간을 제안할지는 방문한 사람의 성향에 따라 다르겠지만, 식도락이 함께 곁들여진다면 훨씬 좋을 것 같네요.

당신에게 가장 많은 영감을 준 서울의 공간을 소개해 주세요.
산수화 티 하우스, 강가네빈대떡 3호점, 전주콩나물국밥 한남,
우진식당, 오우버, 프루, 한강, 남산 소월길, 북한산, 한남대교

크고 작은 공간이 생성과 소멸을 반복하는 서울에서 트렌드와
상관없이 자주 방문하는 단골 상점이 있다면 소개해 주세요. 그
이유가 궁금합니다. 산수화 티 하우스. 한남동에 위치한 작은 티
하우스예요. 흑차, 백차, 청차, 우롱차, 보이차 등 다양한 티와 다기를
소개하고 있죠. 차는 저 자신에게 초점을 맞출 수 있도록 도와주는
매개체예요. 혹여나 일행이 있을 때에도 상대방에게 오롯이 집중할 수
있어 자주 찾게 되는 곳입니다.

만약 서울에 공간을 만든다면 어떤 공간을 만들고 싶나요?
음악은 사람들의 감정과 정신에 지대한 영향을 미친다고 생각하는데요.
서울의 클럽은 비즈니스적인 부분에만 치중한 경우가 많은 것 같아요.
언젠가 다채로운 공연과 클럽 문화가 복합적으로 버무려지는 공간을
만들 수 있다면 좋겠네요. 영화 <블레이드 러너>의 라이언 고슬링이
단골 손님으로 올 것만 같은 그런 공간이요.

서울은 당신에게 어떤 인사이트를 주는 도시인가요?
무한한 세계의 변화 속에 진화해 가는 사람들의 모습을 가장 민첩하게
관찰할 수 있는 도시.

지속 가능함을 고민하기

박이랑 현대백화점 크리에이티브 디렉터

그래픽 디자이너이자 크리에이티브 디렉터로
서, 현대백화점 브랜드전략팀에서 브랜드전
략과 디자인을 담당하고 있다. 삶의 양식 전반
에 두루 관심이 있다. @ee____h

당신이 생각하는 서울의 단상은 어떠한지 궁금합니다.
30대에 독립을 하면서, 살아보고 싶은 동네를 마치 여행하듯 탐구하며
살고 있어요. 그것이 제가 서울을 경험한 방식이고, 제 인생에서 가장
잘한 일 중 하나라고 생각합니다. 그렇게 경험한 서울은 제 상상보다
농밀하고 뜨거운 일들이 늘 벌어지는 도시죠.

서울이라는 도시에 대해 기억에 남는 에피소드가 있다면
들려주세요. 서울의 여러 동네를 옮겨 다니며 겪은 가장 강력한
경험은 사는 집의 옆집이나 주위 건물이 너무나도 쉽게 사라진다는
것이었어요. 살아갈 터전에 무엇이 존재하는지, 알아보고 친밀해질
기회를 빼앗기는 느낌이었다고 할까요? 그런 경험을 여러 차례 한
이후로는 개발제한구역에 관심을 두게 되었습니다.

현재 서울에서 개인적으로 가장 좋아하는 지역과 그 이유가
궁금합니다. 종로구. 저의 서울에 대한 경험은 종로구에 살기 전과
후로 나뉘는데요. 종로구에 살다 보면 거리에서 웃는 사람들을 많이
만날 수 있습니다. 설레는 표정으로 걷는 젊은 연인부터 느긋하게 모여

앉아 햇볕을 쬐는 어르신들. 그런 모습을 보는 게 가장 즐거워요. 서울의 지역마다 사람들이 어떤 모습으로 걷고 있는지 관찰해 보면 그 지역에 대해 많은 정보를 얻을 수 있답니다.

현재 서울에서 가장 주목하고 있는 지역이 있다면 어디인가요? 혹은 앞으로 주목받으리라 예상되는 지역이 있다면요? 사직동, 장충동, 와룡동. 모두 역사의 흔적과 자연을 동시에 품은 지역이에요. 앞으로는 역사와 자연을 모두 다 느낄 수 있는 동네가 주목받으리라고 생각합니다. 일단 이름에서 풍기는 에너지가 남다르지 않나요?

당신이 속한 분야의 현재 흐름이나 경향은 어떻다고 생각하나요? 흥미로운 브랜드가 많이 탄생하고 또 없어지는 것 같아요. 볼 것이 많아 재밌기도 하지만, 한편으로는 오래된 것, 지속 가능한 것을 고민하기 어려운 환경이 되었다고도 생각합니다.

'좋은 공간'의 기준이 있다면 무엇인가요? 철학, 품질, 태도와 서비스라는 세 가지 요소가 모두 연결되어 있다고 생각해요. 철학을 바탕으로 좋은 품질과 서비스를 제공하는 브랜드는 자체적 생명력을 지니게 되죠. 한 가지 다른 기준을 더 생각해 보자면 지속 가능성 혹은 일관성 같은 요소가 있을 것 같아요.

현재 눈여겨보고 있는 서울 기반의 브랜드 혹은 공간이 있다면 소개해 주세요. 포스트아카이브팩션과 강정하우스.

몸 담고 있는 분야의 비즈니스를 위해 해외에서 서울을 방문한 사람이 있습니다. 그에게 하루 동안의 서울 여행 코스를 제안한다면? 멋진 공간들이 너무 많지만, 종묘와 문화역서울 284는 반드시 포함하고 싶어요. 서울의 과거부터 현재까지 너무나 잘 보여주고 있는 공간이니까요.

당신에게 가장 많은 영감을 준 서울의 공간을 소개해 주세요.
룰(Ryul), 핸들위드케어, 신라호텔, 아세티크, TIM GYM Seoul,
포트폴리오 공방, 더현대 서울

서울은 당신에게 어떤 인사이트를 주는 도시인가요? 서울은
갈증을 느끼는 사람들의 목소리로 가득한 도시예요. 그런 면에서는
작업과 관련된 다양한 경험을 할 수 있고 인사이트를 얻을 만한 기회가
많죠. 피드백을 얻기에도 좋고요. 하지만 그것을 흡수하고 때로는
인내하는 것은 단단한 내공이 필요한 일입니다.

관계를 만들어 가는 것이
서울의 숙제

박찬빈 맹그로브 커뮤니티 기획팀 리더
브랜드, 커뮤니티, 플레이스와 관련된 일을 해
오고 있다. 집과 동네에 대한 이야기를 꾸준히
기록하여 독립출판물 <찬빈네집> 시리즈 제
작자로도 활동 중이다. @dripcopyrider

당신이 생각하는 서울의 단상은 어떠한지 궁금합니다.
본가, 고향 모두 서울이 아님에도 불구하고 이제 '집'을 생각하면
바로 서울이 떠올라요. 스무 살 이후 지금까지 약 10년이 넘는 기간
동안 보금자리가 되어주기도 하고 일터가 되어주기도 한 도시이니
당연한 얘기일 수 있겠죠. 처음에는 서울이라는 도시를 꽤나 배회하고
겉돌았어요. 굉장히 정신없고 차가운 모습이었죠. 시간이 지나고 따스한
동네들을 경험하면서 생각이 많이 바뀌었어요. 서울의 효율적이고
속도감 있는 모습에서는 편리함을, 옛것이 잘 보존되어 있는 모습에서
안정감을 누리고 있답니다.

현재 서울에서 개인적으로 가장 좋아하는 지역과 그 이유가
궁금합니다. 용산구 보광동. 대학가를 벗어나 사회생활을 시작하며
처음 정착한 곳이에요. 서울에서 가장 오래 거주한 동네여서 그런지
제2의 고향같이 느껴지기도 하죠. 이 동네와 바로 인접해 있는 이태원동,
한남동도 참 좋아해요. 세 동네가 여러모로 닮았지만, 어떤 면에서는
확연히 다르죠. 한남동의 트렌디함과 이태원동의 이국적인 멋,

보광동의 따스한 정취가 오묘하게 조화를 이루고 있다고 생각해요. 저는 이태원역 3~4번 출구에서 한강으로 가는 길에 늘어선 '앤틱 가구거리'를 특히나 좋아합니다. 이 길을 걸을 때면 마치 유럽 거리를 걷는 것만 같은 착각이 들곤 하죠. 보광시장을 지나면 얼마 가지 않아 한강을 거닐 수 있다는 것도 매력적이에요.

현재 서울에서 가장 주목하고 있는 지역이 있다면 어디인가요? 혹은 앞으로 주목받으리라 예상되는 지역이 있다면요? 성동구 송정동. 홍대 상권이 합정, 상수, 망원까지 확대되었듯 성수의 상권은 뚝섬, 서울숲까지 퍼져 나가고 있어요. 송정동은 좋은 입지에 비해 아직 많이 알려져 있지 않아요. 오랜 기간 동안 재개발 및 도시경제 활성화 논의가 이루어지고 있긴 해서 향후 어떻게 변화할지는 예측하기 어렵지만, 개인적으로 관심 있게 지켜보고 있죠. 중랑천과 어린이대공원이 인근에 있고 군자역, 건대입구역과도 가까워 매력적으로 느껴지더라고요.

당신이 속한 분야의 현재 흐름이나 경향은 어떻다고 생각하나요? 글로벌 공유 숙박 플랫폼, 코워킹 및 국내 코리빙 공간의 운영 기획 및 커뮤니티를 빌드업하는 일을 해왔었는데요. 이전보다 확실히 누군가와 공간을 공유하고 시간을 함께 보낸다는 것에 대해 거부감이 줄어든 것 같아요. 물론 팬데믹 기간은 예외였지만, 공간과 시간의 효율적 가치와 질적 커뮤니티에 대한 관심이 커지는 것 같습니다. 그런 측면에서 서울은 단연코 타 도시에 비해 좋은 무대가 되는 것 같고요.

인사이트를 얻기에 서울은 적합한 도시인가요? 어떤 부분이 그런지 말씀해 주세요. 철저히 혼자가 될 수 있는 공간부터 누구나 함께할 수 있는 공간까지 도시 안에서 누릴 수 있는 공간의 스펙트럼이 점점 다양해지고 있어요. 여러 시공간의 옵션들을 충족시켜 주는 공간들이 늘 곁에 있죠. 수많은 키워드를 가진 크고 작은 단위의 커뮤니티들이 급속도로 생겨나고 확장되고 있는 모습들도 주목하고 있어요.

'좋은 공간'의 기준이 있다면 무엇인가요? 결국 좋음의 기준은 '왜'라는 질문에서 시작되는 것 같아요. '왜'는 곧 철학과 정체성인 것 같고요. 태도와 서비스는 '왜' 다음으로 중요한 '무엇', '어떻게'를 묻는 질문과 연결된다고 생각합니다. 여기에 기준 하나를 더 추가한다면 관계라고 봐요. 고객과의 관계, 동료와의 관계, 나아가 지역과의 관계를 잘 만들어 나가는 것이 정말 중요한 것 같아요.

현재 눈여겨보고 있는 서울 기반의 브랜드 혹은 공간이 있다면 소개해 주세요. 문화기획사 팀 티티티(Time to Travel)가 전개하는 브랜드와 공간들을 늘 감탄하며 지켜보고 있어요. 2019년 삼각지에 문을 연 베트남 쌀국수집 '효뜨'가 시작이었죠. 처음으로 방문했던 날이 아직도 기억나요. 딱 한 번 여행해 본 베트남 하노이가 옮겨져 있는 것 같았기 때문이죠. 분위기는 물론 요리 맛도 일품이었어요. 오너 셰프이자 기획자인 남준영 님을 오랜 기간 팔로우하며 그의 여정을 줄곧 응원하며 지켜봤어요. '남박', '꺼거', '키보'까지 코로나로 인해 동남아시아와 동아시아 여행에 목마르던 저에게 단비와 같은 공간이 되어줬죠. 이 팀의 상상력과 실행력이 어디까지 펼쳐질지 더욱 기대하는 마음으로 삼각지 인근을 배회하고 있어요.

몸 담고 있는 분야의 비즈니스를 위해 해외에서 서울을 방문한 사람이 있습니다. 그에게 하루 동안의 서울 여행 코스를 제안한다면? 우선 정동의 '집무실'과 '소일 베이커'를 통해 서울의 워크 앤 라이프스타일을 경험하고, 서촌으로 넘어가 재단법인 '아름지기',

통의동 '보안여관'을 추천하고 싶어요. 아트와 스테이 분야를 체험하는 거죠. 광화문의 '씨네큐브'와 '자하'도 추가하면 좋을 것 같아요.

당신에게 가장 많은 영감을 준 서울의 공간을 소개해 주세요. 디앤디파트먼트 서울, 그랑핸드 남산, 바통 밀 카페, 파브, 이미 커피, 울프소셜클럽, 작은물, 보리수, 계인전, 에빠 서울

크고 작은 공간이 생성과 소멸을 반복하는 서울에서 트렌드와 상관없이 자주 방문하는 단골 상점이 있다면 소개해 주세요. 그 이유가 궁금합니다. 어제의 카레. 이태원역에서 저희 동네로 향하는 길 시작점에 있는 카레집이에요. 카레에 동네를 주제로 한 독립출판물을 준비하면서 사장님을 인터뷰한 적이 있는데요. 카레에 진심인 사장님은 하루도 본인이 내놓는 음식과 타협을 해본 적이 없다고 해요. 함께 일하는 동료들 역시 사장님의 철학에 공감하고, 고객 한 명 한 명에게 진심을 다해 환대해 주시죠. 그래서 늘 감동을 받아요. '어제의 카레'가 곁에 있어 준다면 저는 이 동네를, 아니 서울을 떠날 수 없을 것 같아요.

만약 서울에 공간을 만든다면 어떤 공간을 만들고 싶나요? 코펜하겐의 '압살론 Absalon'과 같은 문화 공간을, 아니 어쩌면 작은 광장을 만들어보고 싶어요. 압살론은 폐교회를 문화 시설로 탈바꿈한 공간인데요. 매일 낮에는 요가, 누드 크로키, 마켓, 탁구 등 각종 이벤트가 열려요. 저녁에는 탁구대로 사용되던 테이블에 음식이 놓이죠. 지역 주민들이 삼삼오오 모여 같은 메뉴의 음식을 함께 나누는 모습이 인상적이었습니다.

서울은 당신에게 어떤 인사이트를 주는 도시인가요? 세련됨과 촌스러움이 공존하는 도시.

지속적인 실험과
이벤트의 발생지

서동한 스튜디오 프레그먼트 대표

공간을 디자인하는 스튜디오 프레그먼트의 대표. 산업 디자인을 전공한 만큼 공간은 물론 그 안을 채우는 가구 등 기물까지 통합적인 시선에서 바라보고 있다. @studio.fragment

당신이 생각하는 서울의 단상은 어떠한지 궁금합니다. 서울에서 자라와서 그런지, 서울이 특별하다는 생각을 해보지는 않았던 것 같아요. 돌이켜 보면 화려하면서 소박하고, 거칠면서 따뜻한 서울의 여러 면을 두루 경험했던 것 같습니다.

서울이라는 도시에 대해 기억에 남는 에피소드가 있다면 들려주세요. 서울을 다양한 스펙트럼으로 경험하기 시작했던 건 아무래도 대학생 때였던 것 같아요. 디자인을 전공하다 보니 재료와 제작에 대해 관심이 많았고, 자연스레 을지로와 동대문을 자주 방문하게 되었는데요. 무언가를 만들 때 내뿜어지는 뜨거운 에너지가 지금도 머릿속에 생생합니다.

현재 서울에서 개인적으로 가장 좋아하는 지역과 그 이유가 궁금합니다. 저는 잠수교를 좋아해요. 역사적인 이유로 독특한 구조를 갖추게 된 것도 재미있고, 교각의 반복적인 구조나 넓은 한강 폭을 프레임으로 담아 볼 수 있다는 점 때문입니다. 남산의 소월길도 좋아하는데요. 사무실에서 강남 지역으로 미팅을 갈 때마다 남산

터널을 지나는 대신 소월길을 이용합니다. 길이 굽이져 속도를 낼
순 없지만, 덕분에 조금이라도 느긋한 마음으로 풍경을 즐기면서
드라이브할 수 있다는 장점이 있죠.

　　현재 서울에서 가장 주목하고 있는 지역이 있다면 어디인가요?
혹은 앞으로 주목받으리라 예상되는 지역이 있다면요? 근래에 가장
많이 가게 되는 지역은 성수동인 것 같습니다. 서울에서는 흔치 않은
공간 스케일에 걸어 다니기 좋은 평지, 녹음과 공장 지대 같은 것이
조화롭게 어우러져 있어요. 많은 브랜드와 상점이 계속해서 들어오고
있어 재미있게 느껴지기도 합니다.

　　당신이 속한 분야의 현재 흐름이나 경향은 어떻다고 생각하나요?
예전보다 다양해지고, 퀄리티 또한 높아졌다고 생각합니다. 온라인의
영향을 많이 받은 것 같고, 경험을 공유하는 시대가 되어서 더욱더 많은
변화가 있었던 것 같아요. 그만큼 소비주기도 빨라지고 있지만, 경험이
쌓이면서 좋은 공간을 보는 눈이 생기는 건 긍정적인 현상이라고
봅니다.

　　인사이트를 얻기에 서울은 적합한 도시인가요? 어떤 부분이
그런지 말씀해 주세요. 빠른 주기를 통해 다양한 경험을 하게 해주는
것 같아요. 공간은 몸으로 느끼고 경험해야 하는 부분이 크기 때문에
지속적인 실험과 이벤트가 발생하는 서울은 그런 점에서 큰 도움이
되는 것 같습니다.

　　'좋은 공간'의 기준이 있다면 무엇인가요? 좋은 공간은 해당
공간을 운영하는 사람과 그곳에서 일하는 사람들의 철학에서 발현된
결과물이라고 생각해요. 물질적인 것은 표현의 일부이고, 뿌리를
단단하게 내린 생각과 태도가 가장 중요한 것 같습니다. 그렇기 때문에

심미적인 부분보다는 일관적인 태도가 엿보이는 곳들을 좋아합니다.

몸 담고 있는 분야의 비즈니스를 위해 해외에서 서울을 방문한 사람이 있습니다. 그에게 하루 동안의 서울 여행 코스를 제안한다면? 과거의 흔적이 남아있으면서 그 위에 현대적인 것이 덧입혀진 공간을 방문하면 좋을 것 같아요. 세운상가, 아라리오 갤러리가 생각이 납니다. 지역을 꼽자면 성수동이 될 것 같아요.

당신에게 가장 많은 영감을 준 서울의 공간을 소개해 주세요. 비하인드 합정, 아라리오 갤러리, 병과점 합, mk2, 로라, 아모레퍼시픽 본사, 어쩌다가게, mtl 효창, 우래옥 삼성, 파아프 랩, 서소문 역사문화공원

크고 작은 공간이 생성과 소멸을 반복하는 서울에서 트렌드와 상관없이 자주 방문하는 단골 상점이 있다면 소개해 주세요. 그 이유가 궁금합니다. 불광천에 위치한 이탈리아 레스토랑 '로라'를 자주 찾아요. 큰 이유가 있는 곳은 아니고 음식이 맛있기 때문입니다. 때론 본질에 집중한 공간이 가장 좋은 공간이라는 생각이 들기도 해요.

서울은 당신에게 어떤 인사이트를 주는 도시인가요? 좋든 싫든 계속해서 변화하며 자극을 주는 도시.

무엇이든 처음으로
시도해볼 수 있는 곳

서은아 메타 글로벌 비즈니스 마케팅
동북아 총괄 상무

야후와 마이크로소프트를 지나 현재는 메타
에서 마케팅 상무로 일하고 있다. 페이스북,
인스타그램을 통해 성장하는 비즈니스를 지
원하고 응원한다. @memyselfolive

당신이 생각하는 서울의 단상은 어떠한지 궁금합니다.
현재는 용인 수지에 살고 있지만, 약 22년 정도를 서울에서 살았습니다.
직장은 25년간 모두 서울에서 다녔고요. 그런 저에게 서울은 동경과
설렘, 뜨거움과 벅참, 그리고 애정이 흘러넘치는 도시입니다.

현재 서울에서 개인적으로 가장 좋아하는 지역과 그 이유가
궁금합니다. 성수동. 25년 전 건대 입구 근처에 살던 당시에는 지하철
막차가 성수역에서 끊기고는 했어요. 늦은 밤 성수역에서 건대
입구까지 걸어가다 보면 공장으로 가득해 그저 무섭게만 느껴졌는데,
지금은 가장 좋아하는 동네가 되었죠. '오르에르'라는 카페가 생기면서
오랜만에 다시 찾은 성수동은 많은 것이 바뀌어 있었고, 지금까지
계속해서 새로운 것들이 생겨나고 있어요. 성수동에 자리를 잡는 크고
작은 브랜드를 응원하며 꾸준히 방문하고 있습니다.

현재 서울에서 가장 주목하고 있는 지역이 있다면 어디인가요?
혹은 앞으로 주목받으리라 예상되는 지역이 있다면요?
성수동 외에는 연희동을 주목하고 있어요. 성수동보다는 변화의 속도가

더디지만, 그만큼 곱고 다정한 결을 가진 브랜드들이 삼삼오오 모여들고 있죠.

당신이 속한 분야의 현재 흐름이나 경향은 어떻다고 생각하나요? IT나 AI, 메타버스와 같은 기술들이 적극적으로 사람들과 비즈니스의 일상에 도입되고 있어요. 그러면서 디지털과 아날로그의 경계가 무의미한 시장들이 왕왕 드러나고 있죠. 서울은 서울답게 어떤 변화도 앞서 수용하고, 그 수용 감도가 높은 사람들의 적극적인 관여가 활발하게 일어날 것이라 예상합니다.

인사이트를 얻기에 서울은 적합한 도시인가요? 어떤 부분이 그런지 말씀해 주세요. 서울은 그 어느 도시보다 빠르고 뜨겁습니다. 빠르게 변화하는 기술의 세계와 마케팅 영역의 인사이트를 얻기에 제격인 곳이죠.

'좋은 공간'의 기준이 있다면 무엇인가요? 공간이 하나의 독립적인 브랜드로서 존재하기 위해서는 다른 브랜드 혹은 공간과 구별되는 것이 가장 중요합니다. 이 부분에 있어서 공간의 정체성은 차별화를 드러내는 가장 기본적인 자산이죠. 또한 그 정체성을 뒷받침할 수 있는 흔들리지 않는 철학과 가치관은 해당 브랜드 혹은 공간이 오랜 시간 성장을 거듭하는 원천이 된다고 생각합니다. 이 모든 것들을 지켜나갈 열정과 자부심은 어떤 상황에서도 다음 스텝을 디딜 수 있도록 도와주죠. 여기에 한 가지 기준을 추가한다면 '스토리텔링'을 꼽을 수 있을 것 같아요. 이제는 소비자들이 공간 자체를 콘텐츠로 받아들이고 있죠. 자신만의 정체성, 철학, 열정을 전달할 수 있는 효과적인 스토리텔링은 좋은 공간을 더욱 빛나게 해주리라 생각합니다.

현재 눈여겨보고 있는 서울 기반의 브랜드 혹은 공간이 있다면 소개해 주세요. 슈퍼파인. 지속 가능한 식문화를 제안하는 그로서리 플랫폼이에요. 신선한 식재료는 물론 건강한 그로서리 문화를 지향하는 자신만의 철학이 돋보이는 브랜드로 눈여겨보고 있습니다.

몸 담고 있는 분야의 비즈니스를 위해 해외에서 서울을 방문한 사람이 있습니다. 그에게 하루 동안의 서울 여행 코스를 제안한다면? 성수동 코스와 연희동 코스가 있는데요. 먼저 성수동은 '솔솔'에서 점심 식사를 한 뒤에 '포인트오브뷰', '레어로우 하우스', '아더 성수 스페이스', 'LCDC SEOUL' 등을 둘러보고 싶어요. 저녁은 '페이지스 플레이스트 바'에서 가볍게 한 잔 기울이고요. 연희동은 '녹원쌈밥'에서 점심을 해결하고 '글월', '숍 그로브', '사러가 마트', '금옥당', '프로토콜'과 같은 공간을 방문하면 좋을 것 같네요.

당신에게 가장 많은 영감을 준 서울의 공간을 소개해 주세요. 포인트오브뷰, 글월, 우들랏, 포셋, 호랑이의 정원, 레어로우 하우스, 민주킴 플래그십 스토어, 모리함, 박국이샵, 파피어 프로스트

크고 작은 공간이 생성과 소멸을 반복하는 서울에서 트렌드와 상관없이 자주 방문하는 단골 상점이 있다면 소개해 주세요. 그 이유가 궁금합니다. 마음이 어지럽고 힘들 때면 저는 포인트오브뷰를 찾아가요. 그곳만의 향기와 소리, 아름다운 장면들을 보고 있으면 마음의 위로와 평화를 얻게 되죠. 한 번 가면 두세 시간은 기본으로 머무는 것 같아요.

만약 서울에 공간을 만든다면 어떤 공간을 만들고 싶나요? 'Custom Your Place'라는 슬로건을 내건 공간을 만들고 싶어요. 개인이 대여할 수 있으면서 공간의 콘텐츠와 배치, 시설물과 F&B까지

커스텀이 가능한 공간인 거죠. 공감대가 비슷한 사람들끼리 커뮤니티를 형성하고, 함께 즐길 수 있는 공간이면 좋을 것 같아요.

서울은 당신에게 어떤 인사이트를 주는 도시인가요?

서울은 관찰의 즐거움이 존재하는 곳이에요. 새로운 시도가 어색하지 않지만, 고유의 문화가 무척 단단한 밀도로 응집되어 있는 곳이기도 하죠. 그렇기 때문에 수많은 물음표와 느낌표가 공존할 수밖에 없는 도시인 것 같아요. 또 하나 글로벌 기업에서 일하면서 느낀 것은 무엇이든 가장 처음으로 시도해 볼 수 있는 도시가 바로 서울이라는 점이에요. 그만한 기반의 인프라와 문화, 관여도가 높은 사람들이 모여 있기 때문이죠.

그 어떤 취향이라도
환대하는 도시

소호 모빌스그룹 기획 디렉터

일에 대해 이야기하는 모빌스그룹의 공동대
표이자 기획 디렉터. 대표 브랜드인 모베러웍
스를 통해 새로운 방식으로 일하는 사람들을
위한 메시지를 전하고 있다.
@soho.works

당신이 생각하는 서울의 단상은 어떠한지 궁금합니다.
서울에 대한 단상은 잠실 롯데월드의 놀이기구, 로티와 로리, 퍼레이드
같은 것들로부터 시작해요. 부산이 고향이라, 어릴 때 부모님과 함께
롯데월드에 놀러 왔던 것이 저의 첫 서울 경험이거든요. 드넓은
실내를 돌아다니는 관람차를 타고 아찔한 기분을 느꼈던 것이 지금도
생생합니다.

서울이라는 도시에 대해 기억에 남는 에피소드가 있다면
들려주세요. 20대 중반, 첫 직장이 청담동에 있었는데요. 당시 저는
어린이대공원 근처에 살았기 때문에 항상 자전거를 타고 청담대교를
건너 출퇴근을 했어요. 그때 당시에 매일 보던 한강이 저에게는
서울이라는 도시 그 자체였던 것 같습니다. 한강을 기점으로 강남과
강북이 나뉜다는 사실도 마냥 신기했고요. 고민이 많던 시절이라
이런저런 생각을 하며 한강을 오가던 당시의 일상이 떠오릅니다.

현재 서울에서 개인적으로 가장 좋아하는 지역과 그 이유가 궁금합니다. 3년 동안 살았던 연희동을 좋아합니다. 조용하고 번잡하지 않아서 산책하기에도 좋고, 높은 빌딩보다 낡은 주택들이 많아서 사는 동안 왠지 마음이 편안했죠. 오랜 기간 거주한 것도 아닌데, 가끔 일이 있어 연희동을 방문할 때면 마치 고향에 돌아온 것 같은 느낌이 들어요. 언젠가는 다시 연희동에서 살아보고 싶습니다.

현재 서울에서 가장 주목하고 있는 지역이 있다면 어디인가요? 혹은 앞으로 주목받으리라 예상되는 지역이 있다면요? 성수동에 일터가 있다 보니 이 지역을 자연스럽게 보게 되는데요. 현재의 성수동이야말로 가장 빠르게 최신의 것들을 선보이고 뽐내는 지역이 아닐까 싶어요. 서울숲부터 성수역 일대를 넘어, 송정동까지 뻗어가는 모습을 보며 성수동 열풍은 어디까지일까 궁금해지기도 하고요.

당신이 속한 분야의 현재 흐름이나 경향은 어떻다고 생각하나요? 과잉의 시대 같아요. 모든 것이 빠르게, 많이 생겼다가 사라지곤 합니다. 쉽게 소비되어 잊히기도 하고요. 그렇기 때문에 꾸준히 묵묵하게 자기 자리를 지키는 브랜드나 상점, 공간들이 더 빛을 발하는 것 같습니다.

인사이트를 얻기에 서울은 적합한 도시인가요? 어떤 부분이 그런지 말씀해 주세요. 브랜드를 보는 눈이 밝은 사람들이 모여 있는 도시이기에, 그들과 함께하면서 얻는 인사이트가 큰 것 같아요.

'좋은 공간'의 기준이 있다면 무엇인가요? 좋은 공간을 이루는 가장 큰 부분은 사람이라고 생각해요. 단골 상점을 떠올려 보면 예외 없이 일하는 사람의 태도와 서비스가 좋은 곳들이더라고요.

현재 눈여겨보고 있는 서울 기반의 브랜드 혹은 공간이 있다면 소개해 주세요. 모노하. 트렌드를 좇는 것에 치중해서 자칫 과해지거나 식상해지는 경향 속에서 적정선을 잘 지키는 브랜드라는 생각이 들어요.
2020년 론칭 이후 꾸준히 찾고 있습니다.

　　몸 담고 있는 분야의 비즈니스를 위해 해외에서 서울을 방문한
사람이 있습니다. 그에게 하루 동안의 서울 여행 코스를 제안한다면?
성수동의 분위기를 재미있어 할 것 같아요. 오래된 공장이나 회사에서
느껴지는 옛 한국의 정서와 가장 최신 트렌드를 동시에 볼 수 있는
지역이기 때문이죠. 수십 년 된 전자 부품 회사 건물의 5층에 자리
잡은 저희 사무실과 근처의 LCDC SEOUL, 연무장길의 상점들과 카페
로우키 같은 공간을 소개하고 싶어요.

　　당신에게 가장 많은 영감을 준 서울의 공간을 소개해 주세요.
사러가 마트, 앤트러사이트 연희, 신라호텔, 식스티세컨즈 라운지,
핸들위드케어, 오르페오, 문화식당 성수, 포인트오브뷰 성수, 프린츠
도화, 국립현대미술관

　　크고 작은 공간이 생성과 소멸을 반복하는 서울에서 트렌드와
상관없이 자주 방문하는 단골 상점이 있다면 소개해 주세요.
그 이유가 궁금합니다. 성수동에서 강아지와 산책할 때 편하게
테이크아웃할 수 있는 카페 '로우커피스탠드'를 가장 자주 방문하는 것
같아요. 자리가 없는 테이크아웃 전문점으로, 건물 모퉁이에 있는 작은
공간인데요. 매일 마셔도 부담 없는 커피 가격에 적당한 맛과 양, 항상
친절하게 맞아주시는 스태프 분들 덕분에 기분 좋게 찾게 됩니다.

　　만약 서울에 공간을 만든다면 어떤 공간을 만들고 싶나요?
오래된 영화를 틀어주는 작은 극장을 만들고 싶어요.

서울은 당신에게 어떤 인사이트를 주는 도시인가요?

다양한 취향의 사람들이 어느 지역보다도 많이 모여 있는 곳이기에,

분야를 막론하고 객관적인 성적표를 받아볼 수 있는 도시인 것 같아요.

다소 마이너한 취향이라 할지라도 분명 어딘가에 알아주는 사람이 있는

곳이요.

지역의 고유성을
무기로 삼기

신소현 오이뮤 대표

디자인 스튜디오 오이뮤의 대표. 과거와 현재
의 가치를 잇는 디자인 활동을 하며, 다양한
프로젝트를 통해 사라져 가는 문화적 가치를
재해석한다. @oimu_

당신이 생각하는 서울의 단상은 어떠한지 궁금합니다.
아버지 삶의 방향에 따라 거주지에 변화가 많던 어린 시절을 지나,
10대 이후부터는 쭉 서울에 살아오고 있어요. 한 동네에서 학업을
마치고 독립과 결혼, 회사 창업까지 이어오며 하나의 지역이 변하는
모습과 그 속에 변하지 않는 것들 또한 관찰할 수 있었습니다. 서울은
저에게 한 가지 현상을 다양한 관점에서 바라볼 수 있도록 도와준
도시입니다.

서울이라는 도시에 대해 기억에 남는 에피소드가 있다면
들려주세요. 대전에 거주하던 어린 시절, 각각 9살과 11살이던 저와
오빠가 이모 댁에서 방학을 보내기 위해 고속버스를 타고 서울에
올라온 적이 있어요. 강남 고속버스 터미널에 내렸을 때 오빠가 '여기는
눈 뜨고도 코 베인다는 서울이야!' 하고 겁을 줘서 손으로 코를 가리고
잔뜩 긴장한 채 강남 뉴코아 백화점 앞을 걸어갔던 기억이 떠오르네요.

현재 서울에서 개인적으로 가장 좋아하는 지역과 그 이유가
궁금합니다. 오랜 생활 반경인 방배동을 가장 좋아합니다. 동네

구석구석 해가 안 드는 곳이 없는 듯 양지바른 느낌이 좋아요.
근처에 작은 산이 있어 수시로 오를 수 있다는 점도 좋고요. 다음으로는
충무로와 을지로 일대를 좋아합니다. 업무차 가장 많이 방문하는
지역인데 특히 아침에는 하루를 시작하는 사람들의 활기가 대단하다고
느껴져요. 덕분에 늘 피곤한 상태로 갔다가도 돌아올 때면 저도 모르게
에너지가 충전된 것 같은 기분이 들죠. 최근에는 지역의 특징을
담아내면서도 의외성이 느껴지는 상점이나 식당, 카페 등이 많이
생겨서 새로운 접점을 찾아보는 것도 재미있어요.

현재 서울에서 가장 주목하고 있는 지역이 있다면 어디인가요?
혹은 앞으로 주목받으리라 예상되는 지역이 있다면요? 서울의
구도심이 지역의 고유성을 무기로 지속 가능한 주목을 이어가지 않을까
싶어요. 개인적으로 어느 도시를 여행하든 가장 매력을 느꼈던 지역은
도시의 과거와 현재가 공존해 있는 구시가지였거든요. 서울 안에도
각기 다른 이유로 여러 지역에 상권이 조성되어 있지만 결국 문화적,
경제적으로 가장 오래 지속될 수 있는 지역은 조선의 육조거리, 광화문
일대의 구도심이지 않을까 예상합니다.

당신이 속한 분야의 현재 흐름이나 경향은 어떻다고 생각하나요?
압구정에서 가로수길, 홍대에서 성수동까지, 20~30대 연령층을 통해
문화적 트렌드가 발원되는 지역 내에서 소비자와 생산자의 관점을
동시에 체험해 왔습니다. 흐름이란 말 그대로 경제와 문화가 다양한
형태로 진화하면서 가치에 부합되는 지점으로 커지다가 또다시
어디론가 흘러가곤 해요. 새롭게 세력을 확장해 나갈 지역을 찾아가는
거죠. 지금은 성수동에 사회 주 소비층을 모을만한 이벤트들이
집약적으로 모여 있지만 시간이 흐르면서 차츰 우리는 또 새로운

어딘가에서 모이게 될 거예요. 그러한 흐름을 예측할 수 있는 선구안적 감각을 기르기 위해 사회 전반의 현상을 관찰하고 있습니다.

　인사이트를 얻기에 서울은 적합한 도시인가요? 어떤 부분이 그런지 말씀해 주세요. 서울은 인프라를 통해 편리성이 입증된 밀도 높은 도시이고, 그만큼 다양한 업계의 흐름이 집중되는 곳이에요. 매일 새로운 콘텐츠가 서울 곳곳에서 선보여지고, 동시에 다양한 경험을 가진 사람들도 서울로 모이기 때문에 늘 역동성과 다양성을 품고 있는 도시인 것 같습니다. 그런 곳엔 인사이트가 넘치지만 반면에 피로감 또한 상당하죠.

　'좋은 공간'의 기준이 있다면 무엇인가요? 지속 가능한 다양성을 지닌 공간들은 우리 삶의 질을 높여주고 풍요롭게 합니다. 예를 들어, 무인 편의점이나 프랜차이즈 세탁소가 생활 반경에 있다면 편리성과 효율성 측면에서는 경제적인 기대를 할 수 있지만, 다양한 삶의 형태를 가꾸는 것에 대한 기여도에는 높게 작용하지 않죠. 어떤 공간의 정체성은 편리와 효율을 넘어서 기호와 취향을 반영한 소비 활동을 통해 삶의 방식을 결정할 수 있도록 중요한 지표가 되어줍니다. 여기에 지역성 기반의 콘텐츠가 포함된다면 고유성이 생기게 되고, 여러 지점이 맞물려 활성화 된다면 지속 가능성을 갖게 된다고 봅니다. 재화나 서비스를 판매하는 업장에서 태도와 서비스는 기본 중에 기본이고요.

　몸 담고 있는 분야의 비즈니스를 위해 해외에서 서울을 방문한 사람이 있습니다. 그에게 하루 동안의 서울 여행 코스를 제안한다면? 광화문 광장에서 만나 경복궁의 기운을 느낀 후 지붕이 낮은 서촌 골목을 함께 걸으며 빵집이나 독립 서점 등을 발견하는 즐거움을 제공하고

싶어요. 마지막 코스는 '안주마을' 같은 실내 포장마차에서 한국의
미식을 보여드리고 싶네요.

당신에게 가장 많은 영감을 준 서울의 공간을 소개해 주세요.
예술을 모으는 오래된 여관인 보안여관, 서울에서 가장 오래된 필방인
구하산방, 한옥과 양옥을 이어 만든 설화수의 집, 한옥의 기운이 모이는
어니언 안국, 과거 자동차 정비소였던 LCDC SEOUL, 어떤 가족의
안식처였던 공간을 취향으로 채운 문구점 포인트오브뷰, 골동품이
모이는 답십리 고미술상가, 두 세대가 공유하는 명동교자.

크고 작은 공간이 생성과 소멸을 반복하는 서울에서 트렌드와
상관없이 자주 방문하는 단골 상점이 있다면 소개해 주세요. 그
이유가 궁금합니다. 태양커피. 시각적인 브랜딩이나 소셜미디어를
포함한 입체적인 마케팅을 전혀 하지 않고도 매일 사람들이 줄을 서서
커피를 주문하는 신기한 동네 카페입니다. 마케팅을 하지 않은 덕분에
오히려 커피에 대한 본질이 두드러져 보이는 효과가 있어요. 잘 가꿔진
곳도 자주 가면 질리기 마련인데, 간판도 없고 메뉴판도 단출해 매일
이용해도 피로감이 없습니다.

서울은 당신에게 어떤 인사이트를 주는 도시인가요? 가장 빠른
피드백을 받을 수 있는 도시!

다양성의 밀도가
높은 도시

심석용 파카이파카이 브랜드 디자이너
브랜드의 이미지를 만들고, 더 나아가 브랜드
의 성장을 도모하는 브랜드 디자이너. 동시에
파카이파카이라는 이름의 그래픽 디자인 공동
체를 운영하며 다양한 디자인 실험을 하고 있
다. @soquud

당신이 생각하는 서울의 단상은 어떠한지 궁금합니다.
서울살이를 시작한 건 대학교 진학을 위해 상경하고부터입니다.
'서울은 눈 뜨고 코 베이는 곳'이라는 어머니의 신신당부를 들으며
올라왔던 저는 사람도 차도 길도 조심하며 잔뜩 긴장해 있었죠.
지하철 탑승 방향이나 환승 위치가 헷갈려 약속에 늘 늦었던 기억도
나요. 요즘은 직접 운전을 하며 출퇴근하는데, 예전에 살던 동네를
지나칠 때마다 '그 길치 심석용이 어른이 다 되었구나' 하며 스스로
대견해하곤 합니다.

현재 서울에서 개인적으로 가장 좋아하는 지역과 그 이유가
궁금합니다. 고민이 있거나, 마음의 평화가 필요할 때면 절에 갑니다.
지금은 북한산 자락에 있는 우이동 도선사를 가끔 가는데요. 차를
끌고 가서 주차한 다음 천천히 걸어 올라가면 도시인의 스위치가
꺼지는 것이 느껴져요. 갈 때마다 신기한 경험이죠. 세계 최고로 붐비는
도시 안에 큰 산이 있는 것도, 그 산 중턱에 멋진 절이 있는 것도 너무
비현실적인 것 같아요. 삼배를 하고, 향을 피운 후 인사를 드리고,

내려와 보리밥과 파전까지 먹고 어니언 안국으로 가서 서양 문물인 커피를 마시면, '서울에서 잘살고 있는 내가 대견하다'고 느껴지곤 해요.

현재 서울에서 가장 주목하고 있는 지역이 있다면 어디인가요? 혹은 앞으로 주목받으리라 예상되는 지역이 있다면요? 사직동과 서촌을 좋아해요. 대학 시절부터 꾸준히 다니는 지역인데, 아직도 예전에 다녔던 갤러리와 숍들이 대부분 건재한 것을 보고 이 지역은 시간의 축적이 가치로 발현되는 곳이라는 걸 느꼈어요. 최근에는 'CAA', '무목적', '시노라' 등 투명도가 얇은 레이어들이 계속 쌓여가며 본연의 모습을 유지하면서도 깊이가 두터워지는 모습이 참 신기하면서 오묘하기까지 하더라고요. 때로는 경외감 같은 것이 느껴지기도 하는 곳입니다.

인사이트를 얻기에 서울은 적합한 도시인가요? 어떤 부분이 그런지 말씀해 주세요. 서울은 이야깃거리로서 브랜드 소스가 넘쳐흐르는 도시가 아닐까 생각해요. 무언가를 만드는 것도, 커뮤니케이션하는 것도, 결정하는 것도 너무 빠르게 이루어지다 보니 '조금 기다려줘야 제맛을 내는' 가치가 발현되기는 힘든 면이 있어요. 그러다 보니 새롭고, 더 바이럴이 될 만한 디자인 요소를 선택하면서 콘셉트가 과해지는 브랜드와 리테일, 공간도 많은 것 같습니다. 저 역시 리테일 브랜딩 프로젝트를 진행할 때 고민이 많은 지점이 이 부분인 것 같아요. 브랜드가 지속 가능할 수 있는 요소를 찾고 싶지만, 당장 클라이언트의 비즈니스를 위해서는 우선의 이미지로서 소비될 수 있는 무언가를 남겨야 한다는 압박감도 있죠. 그런 점에서 서울은 양가적인 감정을 불러일으키는 도시인 것 같습니다.

'좋은 공간'의 기준이 있다면 무엇인가요? 가장 덜 중요한 요소를 꼽자면 '콘셉트'인 것 같아요. 콘셉트가 너무 세면 편안한 마음으로 다가가기가 어렵더라고요. 이와 비슷한 듯 다른 것이 '정체성'이라고 생각하는데, 저마다의 스토리를 갖고 있는 브랜드 각자의 목소리를 부담스럽지 않은 강도로 들려주는 것은 좋은 공간의 요소라고 생각해요.

현재 눈여겨보고 있는 서울 기반의 브랜드 혹은 공간이 있다면 소개해 주세요. 건축 및 가구 디자인팀 사사건건(SAASAAKUNKUN). "We shape instruments with people playing them."이라는 슬로건이 딱 들어맞게, 가구와 공간을 새로운 시선으로 바라보고 악기처럼 정교하게 다듬는 밀도 있는 디자인 브랜드입니다. 사사건건의 적당히 크리스피하고 콜드하며, 또 적당히 부드러운 감도는 창작자로서는 사랑스러운 질투가 나게 하고, 소비자로서는 내 것으로 소유하고 싶게 만들어요.

당신에게 가장 많은 영감을 준 서울의 공간을 소개해 주세요. 서울시립남서울미술관, 이라선, TACT, 냐피, 가나아트 보광, 튠, 포스티스, 글월, 플라츠(아파트먼트풀 / 플라츠 2 / 야야호), CAA

크고 작은 공간이 생성과 소멸을 반복하는 서울에서 트렌드와 상관없이 자주 방문하는 단골 상점이 있다면 소개해 주세요. 그 이유가 궁금합니다. 2016년부터 근처에 갈 일이 있다면 동선을 짜내서라도 가게 되는 건국대 옆, 칼레오 커피 로스터스. 무슨 이유인지는 모르겠지만 가장 마음이 편안한 공간 중 하나입니다. 커피 맛이 좋은 것은 물론이고, 사장님의 적당히 친절한 환영, 스툴 및 벤치의 구성과 높낮이 같은 것들이 제 마음에 쏙 들어요.

만약 서울에 공간을 만든다면 어떤 공간을 만들고 싶나요?

브랜드 디자이너로서 브랜딩의 집약체인 커머셜 공간을 꿈꾸게 되는데요. 늘 결론은 호텔입니다. '파카이파카이'라는 팀을 결성한 후에는 멤버들과 여행이나 출장을 갈 때마다 어떤 호텔을 만들지 궁리하곤 하죠. 이미 호텔의 위치와 이름, 어메니티, 음악 큐레이팅을 마쳤어요. 언젠가 직접 지을 날만 기다리고 있습니다.

서울은 당신에게 어떤 인사이트를 주는 도시인가요?

'하우스 도산' 같은 퓨처리즘 리테일부터, 자연을 느낄 수 있는 남산, 도심 한복판의 커다란 궁궐과 갤러리들이 30분도 채 걸리지 않는 이 도시의 다양성과 밀도는 전 세계에서 제일이지 않을까 싶습니다.

서울만의 정체성을
만들어 가기

유보라 보마켓 대표

삶을 아름답고 유용하며 의미 있게 만드는 일
에 힘쓰는 보마켓의 대표. 생활 밀착형 제품을
판매하고, 좋은 브랜드를 동네에 소개하는 플
랫폼 역할을 하고 있다. @yoobora

당신이 생각하는 서울의 단상은 어떠한지 궁금합니다.
저는 서울에서 태어나 강남 8학군에서 학창 시절을 보냈습니다.
입시학원의 브랜드화가 시작된 대치동에서 은마상가 떡볶이와 함께
고된 입시를 이겨냈죠. 대학 생활은 언더그라운드 문화가 한창이던
신촌에서 시작했는데요. 홍대 앞 레코드 포럼에서 음반도 사고,
록 카페에서 우연히 밴드 크라잉넛을 마주치기도 했어요. 한편 신사동
가로수길은 제가 인생 처음으로 혼자 살게 된 동네입니다. 작은 서점과
꽃집, 준지의 초기 작업실 등 다양한 부티크 숍이 있어 골목골목을 걷다
보면 여행하는 기분이 들곤 했죠. 10여 년 전부터는 남산 근처에서
생활하고 있는데요. 지금 생각해 보면 서울의 각 공간이 매력을 발하는
시간 속에 저도 늘 함께였던 것 같아요. 서울에서 자라왔지만, 아직도
서울이 새롭게 느껴집니다.

현재 서울에서 개인적으로 가장 좋아하는 지역과 그 이유가
궁금합니다. 오랜 시간 남산 주변에 살고 있지만, 남산에서 맞이하는
사계절의 변화는 마주할 때마다 경이로워요. 다양한 트렌드가 쉴

새 없이 변화하는 서울이지만, 가장 큰 감동을 주는 경험은 도심 속
자연에서 오는 것 같습니다. 세계 곳곳의 다양한 도시를 여행해도 산과
강을 모두 누릴 수 있는 도시는 흔치 않거든요. 남산은 아름다운 자연의
변화를 느낄 수 있을 뿐만 아니라 한남동, 이태원, 해방촌 등과도 인접해
있어 다양한 문화적 혜택을 누릴 수 있는 곳입니다.

　　현재 서울에서 가장 주목하고 있는 지역이 있다면 어디인가요?
혹은 앞으로 주목받으리라 예상되는 지역이 있다면요? 도심 속 상업
공간은 경제적 논리에 의해 가치가 올라갈수록 더 치열하게 변화해 나갈
거예요. 이미 서울의 많은 공간들이 탄생과 소멸을 반복하고 있죠. 뜨겁게
주목을 받지만, 매력이 다 소비되고 나면 버려지는 공간들을 보면서
변하지 않을 공간에 대해 생각해 봤는데요. 삶 속의 경쟁이 심화될수록
자연을 찾는다고 하죠. 이 때문에 근교로 이동하시는 분들도 많지만,
그것이 현실적으로 불가능한 상황에서는 서울의 여러 공원이 대안이 될
수 있을 거라 생각합니다. 남산, 서울로, 서울숲, 경의선 숲길까지 공원
근처의 공간들을 눈여겨보면 좋을 것 같아요.

　　당신이 속한 분야의 현재 흐름이나 경향은 어떻다고 생각하나요?
동네의 작은 마켓이 대형화되는 시기를 지나, 코로나를 거쳐 새벽배송,
당일배송과 같이 비대면과 속도가 중심이 되는 온라인으로 확장되었지만
이 과정에서 인권 유린 혹은 과대 포장 등에 회의감을 느낀 많은 사람들이
사람과 환경 문제에 대해 느끼는 바가 커졌다고 생각해요. 앞으로는
지역의 환경을 생각하고 사람과 소통하는 가치관을 중심으로 성장하는
마켓들의 비중 또한 커지며 진화할 것이라고 생각합니다.

　　'좋은 공간'의 기준이 있다면 무엇인가요? 좋은 철학과 사고방식을
가지고, 고유의 서비스를 통해 지속 가능성을 만들어 나가는 공간이

좋은 공간이라고 생각합니다. 제가 그동안 좋은 경험을 얻어온 공간들의 공통점이죠. 철학이 공간에 대한 이해를 만들어 준다면, 태도와 서비스는 이를 표현해 주는 수단이 되는 것 같아요. 지속 가능성도 중요하다고 보는데, 이는 상업 공간이 조금 더 긴 호흡을 가지고 유지되길 바라는 바람 같은 것이에요. 마음을 쏟은 장소가 쉽게 사라지는 경험은 이제 그만하고 싶거든요.

현재 눈여겨보고 있는 서울 기반의 브랜드 혹은 공간이 있다면 소개해 주세요. 로컬스티치. 서울의 골목을 걷다 보면 매력적이라고 생각되는 공간에 늘 로컬스티치가 위치해 있더라고요. 더 나은 일상과 삶을 위해 동네와 사람, 사람과 사람을 연결한다는 로컬스티치의 철학이 좋은 공간과 만나다 보니 더 빛이 나는 것 같습니다.

몸 담고 있는 분야의 비즈니스를 위해 해외에서 서울을 방문한 사람이 있습니다. 그에게 하루 동안의 서울 여행 코스를 제안한다면? 서울 둘레길을 함께 걸어 보면 좋을 것 같아요. 서울의 남산, 낙산, 인왕산, 북악산 등 내사산 및 사대문, 한양도성을 잇는 서울의 외곽을 한 바퀴 돌다 보면 서울의 아름다운 자연, 역사, 문화를 자연스레 마주칠 수 있을 거예요. 또한 전통과 첨단의 공존에서 오는 에너지, 긴장감 같은 것을 통해 서울의 매력을 더욱 입체감 있게 느낄 수 있을 거라고 생각합니다.

당신에게 가장 많은 영감을 준 서울의 공간을 소개해 주세요. 한국가구박물관, 그랜드 하얏트 서울, 교보문고, 리움미술관, 한권의 서점, ZIKM SEOUL, 로컬스티치, 산수화 티 하우스, 광장시장, 아모레퍼시픽미술관

크고 작은 공간이 생성과 소멸을 반복하는 서울에서 트렌드와 상관없이 자주 방문하는 단골 상점이 있다면 소개해 주세요. 그 이유가 궁금합니다. 저는 서점을 자주 가는 편이에요. 끊임없는 이야기가 있는 공간이기 때문이죠. 그중에서도 교보문고는 공간을 채우는 책들의 종류와 소품들 그리고 공간의 향까지 지역이 가지고 있는 고유성을 가장 잘 품고 있는 공간이라고 생각합니다.

서울은 당신에게 어떤 인사이트를 주는 도시인가요? 우리는 서울이 세계에서 매력적인 도시로 손꼽히는 시대에 살고 있어요. 서울은 저에게 그러한 자부심과 동시에 도전 의식을 주는 곳이에요. 날마다 새로운 것을 추구하는 사람들이 있고, 문화를 소비하는 속도감 또한 참 빠르죠. 하지만 인사이트만으로는 오리지널이 만들어지지 않듯, 우리의 정체성을 더욱 선명하게 만들어야 한다고 생각해요. 지금 서울이 가진 긍정적인 변화가 세계 속에서 빛나는 서울만의 정체성으로 거듭날 수 있도록 저 역시 좋은 가치와 공간을 통해 좋은 도시를 만드는 일에 보탬이 되고 싶습니다.

끊임없이 일을 벌이게
되는 곳

유현선 워크룸 그래픽 디자이너

워크룸에서 그래픽 디자이너로 일하고 있다.
책, 영화, 노래에서 읽거나 들은 문장을 기반으
로 사물을 만드는 브랜드 카우프만 만들고
운영하며, 비주얼 중심의 프로젝트를 기획하고
진행하는 팀 파일드 소속이기도 하다.
@sun.you.kr

당신이 생각하는 서울의 단상은 어떠한지 궁금합니다.
서울에서 태어나고 자라, 서울에서 일하고 있습니다. 30년의 세월
동안 겪은 서울을 생각하면 제일 먼저 '애매함'이라는 단어가 떠올라요.
화강암 타일과 샷시로 도배된 도시. 저에게 서울은 무신경한 재료로
적당히 만든 이미지입니다. 애매한 태도의 도시 경관이 언젠가 바뀌길
항상 바라고 있어요.

현재 서울에서 개인적으로 가장 좋아하는 지역과 그 이유가
궁금합니다. 광화문. 서울에서 가장 '도시' 같은 느낌이 들어 좋아합니다.
큰 도로를 중심으로 양쪽에 높은 건물이 정렬되어 있고 한쪽에는
궁궐이 자리 잡고 있는 풍경이 묘해요. 그다음으로 꼽고 싶은 지역은
연희동인데, 반대로 서울에서 가장 동네 같은 장소로 좋아합니다. 길과
집, 가게가 오랜 시간에 걸쳐 자연스럽게 형성되어 있다고 느껴요.

현재 서울에서 가장 주목하고 있는 지역이 있다면 어디인가요? 혹은 앞으로 주목받으리라 예상되는 지역이 있다면요?

능동. 성수와 건대를 지나 조금 더 위쪽으로 올라가면 어린이대공원과 함께 능동이 등장합니다. 집을 알아보다 발견한 동네인데, 번화가와 공원 사이에 있다는 점이 마음에 들었어요. 아니나 다를까, 요즘 1인 거주자와 신혼부부가 많이 찾는 동네라고 하네요.

당신이 속한 분야의 현재 흐름이나 경향은 어떻다고 생각하나요?

그래픽 디자인을 좋아하는 큰 이유 중 하나는 참 적나라한 분야라는 점이에요. 모든 결과물이 '시각적으로' 나타나기 때문에 실력 차이와 트렌드를 단 몇 장의 이미지로 확인할 수 있습니다. 그래픽 디자인의 또 다른 흥미로운 점은 순환 주기라고 생각하는데요. 많은 사람에게 인정받은 디자인이 반복 재생산되고, 어느 순간 과도기에 도달해 매너리즘을 겪기도 하는데, 갑자기 혜성처럼 새로운 디자인을 보여주는 작업자가 등장하는 일련의 과정은 비규칙적으로 반복되고 있습니다.

인사이트를 얻기에 서울은 적합한 도시인가요? 어떤 부분이 그런지 말씀해 주세요. 트렌드에 이렇게 민감한 도시가 있을까요.

지금 무슨 일이 일어나고 있는가, 사람들이 무엇을 사는가, 누가 무엇을 하는가와 같은 것에 관심이 많다고 생각합니다. 무언가를 만들고자 하는 사람은 바로 이러한 점 때문에 생각보다 쉽게 브랜드를 알릴 수 있을지도 몰라요. 물론 그만큼 쉽게 사라지기도 하죠. 끊임없이 사건이 발생하는 도시 서울은 그래픽 디자이너에게 무대를 제공하는 곳이에요.

'좋은 공간'의 기준이 있다면 무엇인가요? 누군가에게 브랜드를 추천하는 상황을 상상해 보면 쉽게 이해할 수 있습니다. 소개하려는 브랜드가 어떤 브랜드인지 장황하게 설명하면 듣는 사람은 금세 흥미를 잃을 거예요. 흥미를 붙잡아 두기 위해서는 한 단어 또는 한 문장으로 해당 브랜드에 관해 설명할 수 있어야 합니다. 멋진 소개 이후에 제품이나 서비스가 뒷받침되지 않는다면 속이 빈 수레와 같습니다. 소개보다 더 멋진 품질의 내용이 있어야 계속 사용하고 싶어져요. 이러한 콘셉트와 품질을 꾸준히 유지하는 것도 중요합니다. 브랜드의 콘셉트가 모호해지거나 품질이 떨어진다면 사용자는 점차 떠날 거예요. 이 세 가지 기준이 충족된다면 다른 항목은 자연스럽게 따라올 수 있다고 생각합니다.

현재 눈여겨보고 있는 서울 기반의 브랜드 혹은 공간이 있다면 소개해 주세요. 헤리티지 플로스. 워낙 유명한 브랜드지만 개인적으로 한국에서 제일 좋아해요. 처음 오프라인 스토어를 방문했을 때가 선명하게 기억납니다. 명확하고 일관된 콘셉트로 만들어진 좋은 품질의 옷이 잔뜩 걸려있었어요. 이후에 찾아보니 이윤호 대표가 좋은 원단을 만들고 유통하고 싶은 마음으로 시작한 브랜드라고 하더라고요. 원단 브랜드를 만드는 마음으로 시작한 의류 브랜드인 것이죠. 콘셉트와 품질, 꾸준함 모두 갖춘 헤리티지 플로스의 앞으로의 행보가 계속 기대돼요.

몸 담고 있는 분야의 비즈니스를 위해 해외에서 서울을 방문한 사람이 있습니다. 그에게 하루 동안의 서울 여행 코스를 제안한다면? 우선 경복궁 근처에 있는 저의 사무실로 초대할 것 같아요. 사무실을 소개한 뒤 3분 거리에 있는 안덕에서 점심을 먹고, 아모멘토와 국립현대미술관 덕수궁을 방문해 보라고 추천할 것 같습니다. 클래식한 서울을 경험할 수 있는 일정이 될 것 같아요.

당신에게 가장 많은 영감을 준 서울의 공간을 소개해 주세요.

리사르 커피, 프로토콜, 아리아께, 더부즈, 안덕, 모로코코, PER, 오리,

아모멘토 플래그십, 아트선재센터

크고 작은 공간이 생성과 소멸을 반복하는 서울에서 트렌드와

상관없이 자주 방문하는 단골 상점이 있다면 소개해 주세요. 그

이유가 궁금합니다. 리사르 커피. 에스프레소 바이기 때문에 목적지로

향하던 중 가볍게 들려 빠르게 마시고 가기에 최적인 장소입니다. 바쁜

일정 속에서 잠깐의 휴식을 취할 수 있는 공간이자 맛있는 커피를 마실

수 있는 시간이기도 합니다.

서울은 당신에게 어떤 인사이트를 주는 도시인가요?

끊임없이 일을 벌이게 만드는 도시입니다. 아무것도 하지 않는 심심한

상태를 견디기 힘들어하는 성격 탓도 있지만, 사건에 대한 반응이

비교적 빠르게 오는 도시이기 때문입니다. 저만의 생각은 아닌지, 서울

곳곳에서 크고 작은 일이 계속 일어나고 있다고 느껴요.

오프라인 공간의 기회가
되는 곳

이경화 (전)무신사 리테일
기획 및 공간디자인 디렉터

무신사 오프라인실에서 새로운 리테일 기획
과 공간 디자인을 담당했다. 여러 브랜드와의
지속적인 협업을 통해 다양한 브랜드 콘텐츠
를 소개하는 일을 진행했다. @carpediem_512

당신이 생각하는 서울의 단상은 어떠한지 궁금합니다.
서울에서 태어나 학창 시절을 보냈고, 사회생활의 시작부터 현재까지
서울에서 일하고 있습니다. 강남에 오래 살아온 덕분에 패션 및
라이프스타일 트렌드 변화의 과정을 빠르게 경험할 수 있었는데요.
그만큼 서울은 저에게 다이나믹한 도시로 인식되어 있습니다.

현재 서울에서 개인적으로 가장 좋아하는 지역과 그 이유가
궁금합니다. 성수동과 한남동. 성수는 당시 소속된 회사의 본사가
위치한 곳이고, 한남은 제가 담당하던 무신사 스튜디오가 위치한
곳이라 늘 감각을 곤두세우고 지켜보는 지역인데요. 성수가 한국의
브루클린으로 불리며 낡은 것과 새로운 것이 혼재된 느낌이라면,
한남은 보다 여유롭고 정제된 톤앤매너를 갖고 콘텐츠를 소개하는
곳이 많은 것 같아요. 두 곳 모두 새로운 콘텐츠를 빠르게 접할 수 있는
지역이라는 점이 매력적입니다.

현재 서울에서 가장 주목하고 있는 지역이 있다면 어디인가요? 혹은 앞으로 주목받으리라 예상되는 지역이 있다면요? 당분간은 성수이지 않을까 싶네요. 과거와 현재가 한 신에 공존하는 것이 가장 큰 매력이며, 2호선 지하철이 관통하고 있어 강남과의 거리도 가깝습니다. 타지역에 비해 범위도 상대적으로 넓은 편이라 앞으로도 발전될 여지가 많을 것 같아요.

당신이 속한 분야의 현재 흐름이나 경향은 어떻다고 생각하나요? 온라인 시장이 급속도로 확장된 배경에는 무엇보다 팬데믹 이슈가 가장 크게 자리하고 있다고 생각합니다. 그러나 팬데믹이 종식되면서 오프라인 소비가 급속도로 증가하고 있고, 새로운 방식의 비즈니스 모델이 출현하고 있어요. 지속적인 리테일 환경 개선, 체험적인 브랜딩을 강조하는 등의 방법으로 고객을 유치하고 있죠. 전문 온라인 플랫폼이 로드 숍은 물론 쇼핑몰과 백화점에 편집 매장 형태로 입점하는 사례도 많아졌고요. 오프라인 시장의 경험과 온라인 쇼핑의 편의성이 함께 공존하는 형태가 지금의 경향이라고 생각합니다.

인사이트를 얻기에 서울은 적합한 도시인가요? 어떤 부분이 그런지 말씀해 주세요. 서울은 이미 자타가 공인하는, 세계적으로 유명한 패션 문화 도시 중 하나가 되었어요. 많은 패션 브랜드의 본사가 서울에 있고, 지속적으로 새로운 패션 및 문화 관련 사업과 공간들이 탄생하고 있죠. 그런 점에서 서울은 다양한 문화적 영감을 얻을 수 있는 도시입니다.

'좋은 공간'의 기준이 있다면 무엇인가요? 브랜드의 철학을 담은 공간, 일관된 콘셉트와 서비스, 적절한 취향과 안목으로 기분 좋은 경험을 선사하는 공간.

현재 눈여겨보고 있는 서울 기반의 브랜드 혹은 공간이 있다면 소개해 주세요. 플라츠. 팀 포지티브제로에서 기획한 공간으로 식료품점 '먼치스 앤 구디스', 캐주얼 비어 바 '스탠 서울', 라멘 전문점 '카우보이 라멘', 분식 스낵 바 '반반'으로 시작되었어요. 자신들만의 시각으로 다양한 공간과 콘텐츠를 기획하고 운영하고 있죠. 앞으로 또 어떤 모습으로 확장하게 될지 귀추가 주목됩니다.

당신에게 가장 많은 영감을 준 서울의 공간을 소개해 주세요. 문화역서울 284, LCDC SEOUL, 플러스준 스튜디오, 피크닉, 식물관PH, 포인트오브뷰, 엠프티, 콤팩트 레코드 바, 플라츠, 신사하우스, 그래픽 한남, PDF 서울

크고 작은 공간이 생성과 소멸을 반복하는 서울에서 트렌드와 상관없이 자주 방문하는 단골 상점이 있다면 소개해 주세요. 그 이유가 궁금합니다. 포인트오브뷰. 서울에서 단연 최고라 할 수 있는 보물창고 같은 문구점으로, 방문할 때마다 세심한 큐레이션과 디테일에 감탄하곤 합니다. 복잡한 일상 속 다양한 제품과 디스플레이를 보는 것만으로도 시간이 멈춘 듯 기분 전환이 되는 공간이에요.

서울은 당신에게 어떤 인사이트를 주는 도시인가요? 서울에는 다양한 비즈니스가 존재합니다. 기업과 브랜드, 사람들이 다양한 공간에서 유기적으로 시너지를 내면서 성장하고 있죠. 새로운 지역과 장소라 하더라도 빠른 시간 안에 상권이 형성되는 부분이 오프라인의 가치를 만들어낼 수 있는 기회로 연결된다고 생각합니다.

서울은 트렌드를 가장
빠르게 읽을 수 있는 곳

이봄 SK D&D, ESG 파트 매니저

패션지 어시스턴트를 시작으로, 다양한 매거진과 콘텐츠 회사를 거쳐 SK D&D에서 ESG 파트 매니저로 일하고 있다. 삶을 이루는 여러 사물과 공간을 주제로 한 매거진 <Next>의 창간을 담당했다. @your_bom

당신이 생각하는 서울의 단상은 어떠한지 궁금합니다. 패션지 어시스턴트를 시작하면서 본격적으로 서울에 살게 되었어요. 제게 서울은 어린 시절 에디터라는 꿈을 이루게 해준 곳이자, 꿈을 지속하게 해준 도시입니다.

서울이라는 도시에 대해 기억에 남는 에피소드가 있다면 들려주세요. 패션지 어시스턴트 시절, 마감 때문에 새벽까지 야근한 뒤 어시스턴트 친구들과 아무도 없는 신사동 가로수길을 가로질러 한강에 간 적이 있어요. 무척 고되고 힘든 날이었는데, 동이 틀 무렵의 한강을 보니 너무 아름다워서 눈물이 날 것 같더라고요. 그날 친구들과 먹은 맥주와 컵라면을 잊을 수 없어요.

현재 서울에서 개인적으로 가장 좋아하는 지역과 그 이유가 궁금합니다. 제가 살고 있는 필동을 가장 좋아해요. 남산 아래에 위치해 있어 고즈넉하고, 무려 '평냉세권'입니다. 가까운 곳에 '필동면옥'부터 '우래옥', '평양면옥' 등 평양냉면으로 유명한 집이 많거든요. 날씨가 좋은 날엔 남산 둘레길이나 남산골한옥마을을 산책하기에도 좋아요.

퇴근 후 지친 몸을 이끌고 집으로 돌아오는 길에 멀리 반짝이는 남산타워를 보며 위안을 얻기도 하죠.

현재 서울에서 가장 주목하고 있는 지역이 있다면 어디인가요? 혹은 앞으로 주목받으리라 예상되는 지역이 있다면요? 신당동. 떡볶이로만 유명한 이 동네가 요즘 활기를 띠고 있는 것 같아요. 신당동 중앙시장 안에는 숨겨진 맛집들이 즐비한데, 최근에는 감각적인 라이프스타일숍이나 카페 등도 많이 생기고 있어요.

당신이 속한 분야의 현재 흐름이나 경향은 어떻다고 생각하나요? 제가 다니고 있는 SK D&D는 부동산 개발 회사입니다. SK D&D에서는 다양한 공간을 개발 및 운영하고 있는데요. 그중 '에피소드 EPISODE'는 소음과 위생, 보안에 관련된 기본적인 시설은 물론, 다양한 커뮤니티 프로그램을 통한 이웃과의 연결까지 새로운 형태의 주거 공간으로 떠오르고 있어요. 앞으로 1인 가구가 늘어남에 따라 이러한 공간이 나만의 집을 고르는 데 있어 하나의 선택지가 되어줄 수 있다고 생각해요.

인사이트를 얻기에 서울은 적합한 도시인가요? 어떤 부분이 그런지 말씀해 주세요. 서울은 트렌드에 민감한 도시예요. 그만큼 변화에 민감하고, 자신만의 취향이 확고하며, 새로운 것에 도전하기를 즐기는 사람들이 모이는 곳이에요. 이러한 서울의 특징이 저희가 운영하는 공간인 에피소드의 타깃과도 일치하죠.

'좋은 공간'의 기준이 있다면 무엇인가요? 그 공간의 철학과 정체성이 공간 안에서도 묻어나야 한다고 생각합니다. 진정성과 디테일이 중요한 것 같아요. 그런 공간이라면 시간이 흘러도 계속해서 찾게 되더라고요.

현재 눈여겨보고 있는 서울 기반의 브랜드 혹은 공간이 있다면 소개해 주세요. 신당동에서 우연히 발견한 빈티지 리빙 제품 및 가드닝 라이프스타일 편집숍인 '세실 앤 세드릭'을 소개하고 싶어요. 이곳에 들어서는 순간, 마치 파리 마레 지구의 어느 빈티지 숍에 온 듯한 기분이 들었어요. 감도 높은 제품들을 취급해 친구 선물이 고민될 때, 이곳을 가장 먼저 떠올리게 됩니다.

몸 담고 있는 분야의 비즈니스를 위해 해외에서 서울을 방문한 사람이 있습니다. 그에게 하루 동안의 서울 여행 코스를 제안한다면? 에피소드 성수 - 포인트오브뷰 - 카페 로우키 - 먼치스앤구디스 – 성수동감자탕으로 이루어지는 성수동 코스를 추천하고 싶어요!

당신에게 가장 많은 영감을 준 서울의 공간을 소개해 주세요. 우래옥, 남산, 창덕궁, 남산골한옥마을, 서울숲, 포인트오브뷰, 세실 앤 세드릭, 카페 로우키, 아모레퍼시픽 본사, 더현대 서울

크고 작은 공간이 생성과 소멸을 반복하는 서울에서 트렌드와 상관없이 자주 방문하는 단골 상점이 있다면 소개해 주세요. 그 이유가 궁금합니다. 고민할 것도 없이 우래옥. 70년 넘게 한결같은 맛을 자랑하는 곳이죠. 이곳에 오면 젊은이부터 어르신들까지 다양한 연령대를 만날 수 있는데, 세대를 막론하고 누구나 좋아하는 맛집이라고 생각해요. 먼 훗날 이곳에서 아무 고민 없이 매번 비싼 불고기를 시켜 먹는 귀여운 할머니가 되고 싶어요.

만약 서울에 공간을 만든다면 어떤 공간을 만들고 싶나요? 거대한 공원을 만들고 싶어요. 종묘부터 시작해 을지로3가, 충무로까지 이어진 세로로 긴 형태의 공원이요.

서울은 당신에게 어떤 인사이트를 주는 도시인가요? 트렌드를 가장 빠르게 읽을 수 있는 도시!

서울만의 속도와
유니크함을 놓치지 말기

이연수 분더샵 바이어

럭셔리 패션 브랜드와 하이 주얼리, 라이프스
타일에 이르기까지 다양한 장르의 아이템을
바잉하고 있다. 분더샵에서 진행되는 다채로
운 행사를 기획하고 전개하기도 한다.
@ysl_1031

당신이 생각하는 서울의 단상은 어떠한지 궁금합니다.
저는 서울에서 태어나고 자랐어요. 지금도 서울에 살고 있고, 서울에서
일하고 있죠. 제가 맡고 있는 바잉 업무 특성상 해외 출장이 잦아, 1년에
세 달 정도는 해외에서 지내는 편인데요. 그래서인지 서울에 오면 집에
온 것처럼 마음이 편해요. 서울에 돌아올 때마다 느껴지는 서울의
속도감은 해외에 비해 말할 수 없을 만큼 빠른데, 요새는 해외의 다양한
사람들도 이런 서울의 다이나믹한 변화에 관심이 많아 덩달아 자부심도
높아지는 것 같습니다.

현재 서울에서 개인적으로 가장 좋아하는 지역과 그 이유가
궁금합니다. 거의 5년 주기마다 좋아하는 지역이 바뀌었던 것 같아요.
20대 초반에는 가로수길, 후반에는 서촌, 30대 초반에는 압구정,
그리고 지금은 성수동을 즐겨 찾고 있어요. 직업상의 이유도 있지만
그 시기에 가장 많은 트래픽이 몰리는 지역에 가서 어떤 것이 새로운
것인지 경험하는 것을 좋아합니다.

현재 서울에서 가장 주목하고 있는 지역이 있다면 어디인가요? 혹은 앞으로 주목받으리라 예상되는 지역이 있다면요?

당분간 성수동은 계속해서 주목받으리라고 생각해요. 크고 작은 브랜드가 꾸준히 팝업이나 매장을 열고 있고, 그러한 흐름 안에서 새로운 트렌드를 창조하는 것 같아요.

당신이 속한 분야의 현재 흐름이나 경향은 어떻다고 생각하나요? 10년 넘게 패션 바이어로 일을 하다가 팬데믹을 겪으면서 아트와 라이프스타일 분야를 개척하게 되었어요. 코로나가 종식되면서 라이프스타일에 대한 집중도는 다시 떨어졌지만, 전반적으로 많은 사람들의 심미적인 스탠다드가 상향평준화 되었죠. 이제는 모든 사람들이 조금 더 높은 안목으로 전에 없던 새로운 것, 지금 다시 새로워 보이는 것에 주목하는 것 같아요. 이를테면 A와 B의 생각지 못한 협업이라든지 역사가 오래된 C의 재발견 같은 것 말이에요.

인사이트를 얻기에 서울은 적합한 도시인가요? 어떤 부분이 그런지 말씀해 주세요. 서울은 모든 면에서 영감이 가득한 도시예요. 소셜미디어는 서울의 트렌디한 면과 문화적인 감성을 더욱 널리 퍼뜨리죠. 이러한 흐름이 매우 빠른 속도로 진행되기 때문에, 눈앞에서 놓치지만 않는다면 서울의 모든 것에서 영감을 얻을 수 있을 거라 생각합니다.

'좋은 공간'의 기준이 있다면 무엇인가요? 최근 다양한 브랜드가 특정한 콘셉트를 만들고, 해당 콘셉트 위주의 속도감 있는 매장 전개를 하는 경우가 많아요. 이러한 방식은 소셜미디어상에서 빠른 바이럴을 만들고 홍보되지만, 오래가지는 못해요. 이렇듯 서울이 가진 속도감이라는 강점에 상반된 약점은 바로 지속성 아닐까 싶어요.

좋은 공간은 고객으로 하여금 신뢰를 주어야 하는데, 그러려면 좋은 품질의 제품, 브랜드가 지향하는 흔들리지 않는 정체성, 꾸준한 운영을 위한 태도와 서비스가 필수적이라고 생각합니다.

현재 눈여겨보고 있는 서울 기반의 브랜드 혹은 공간이 있다면 소개해 주세요. 전혀 다른 카테고리이긴 하지만, 성수동 연무장길에 위치한 '서울브루어리 성수'를 꼽고 싶어요. 브랜드의 코어밸류인 좋은 제품(맥주)은 물론, 국내 크래프트 비어 신의 새로운 바람을 불러일으킬 만한 거대한 공간과 세계 최고급의 양조 설비를 갖추고 있죠. 서울의 중심에서 만들어진 크래프트 비어를 어떻게 세계화할 수 있을지, 그 과정을 지켜보는 일이 참 흥미로워요.

몸 담고 있는 분야의 비즈니스를 위해 해외에서 서울을 방문한 사람이 있습니다. 그에게 하루 동안의 서울 여행 코스를 제안한다면? 서울에 공존하고 있는 옛것과 완전히 젊고 새로운 것을 동시에 보여주고 싶어요. 먼저 북촌의 아름다운 풍경으로 아침을 시작해서, 점심으로는 오래된 노포를 방문해서 구수한 한식을 먹는 거죠. 그런 다음 젊고 활기찬 압구정 로데오와 성수동을 보여줄 거예요. 그곳에서 모던하게 변주를 준 한식 퀴진 레스토랑을 방문하면 좋겠네요.

당신에게 가장 많은 영감을 준 서울의 공간을 소개해 주세요. 브랜드의 진정성이라는 측면에서 제게 영감을 주는 공간은 다음과 같습니다. 에디션덴마크, 포인트오브뷰, 논픽션, 갤러리 카비넷, 모리함, 아모레퍼시픽 본사, 북촌 한옥마을, 젠틀몬스터, 피크닉, 분더샵

크고 작은 공간이 생성과 소멸을 반복하는 서울에서 트렌드와 상관없이 자주 방문하는 단골 상점이 있다면 소개해 주세요. 그 이유가 궁금합니다. 단골이란 결국 내가 얼마나 그 장소에서 나답고

편안하게 있을 수 있느냐가 관건이라고 생각해요. 질리지 않도록 계속 새로운 메뉴를 보여줘야 하고요. 그런 의미에서는 '금남방'을 자주 방문하는데요. 다채롭게 변주되는 한식 요리와 내추럴 와인 페어링, 공간에 흐르는 음악을 좋아합니다.

만약 서울에 공간을 만든다면 어떤 공간을 만들고 싶나요? 햇볕이 아주 잘 드는 멋진 천장을 가진 넓은 공간을 만들고 싶어요. 회사에서 낮이 밤으로 변하는 과정을 하나도 보지 못한 채 일 년의 80%를 보내고 있기 때문에, 해가 아주 잘 드는 곳이면 좋겠네요.

서울은 당신에게 어떤 인사이트를 주는 도시인가요? 비즈니스 관점에서 서울은 다양한 기획을 시도하고 변형할 수 있는 도시예요. 동시에 해외의 성공 혹은 실패 사례가 적용되지 않는 서울만의 유니크함도 갖고 있죠. 그 부분을 계속해서 고민하고 실패와 성공을 반복하면서 자연스럽게 얻어지는 시장에 대한 통찰력이 생기는 것 같아요.

다양한 레이어가 중첩된,
독특한 에너지의 서울

전채리 CFC 아트 디렉터

2013년 설립한 디자인 스튜디오 CFC의 대표이자 아트 디렉터. F&B, 플랫폼, 미디어, 리테일 등 라이프스타일 전반에 걸친 다양한 분야의 브랜드 경험을 설계하고 있다.
@charryjeon

당신이 생각하는 서울의 단상은 어떠한지 궁금합니다.
유년 시절부터 현재까지 대부분의 시간을 서울에서 보냈어요. 8~90년대는 올림픽 공원에서 산책하고 수영 강습을 받던 올림픽 키즈로, 사회 초년생 시절에는 학동 사거리와 가로수길 근처를 맴돌던 강남권 직장인으로, 서른 무렵부터 지금까지는 홍대 인근에 스튜디오와 집을 둔 홍대 사람으로 살고 있죠. 서울은 저의 어린 시절이자 사춘기이고, 사회 초년생이며 현재입니다.

현재 서울에서 개인적으로 가장 좋아하는 지역과 그 이유가 궁금합니다. 홍대. 홍대에는 한강이 있고, 서울의 다른 동네에서는 좀처럼 만들기 어려웠던 동네 친구들이 있어요. 특별한 것은 없지만 소중한 동네의 흔적들, 유난히 볕이 잘 드는 담장, 계절마다 변하는 풍경들 같은 것으로부터 익숙한 동네의 편안함을 느끼곤 합니다.

현재 서울에서 가장 주목하고 있는 지역이 있다면 어디인가요? 혹은 앞으로 주목받으리라 예상되는 지역이 있다면요?
현재 주목하는 지역은 금호동, 옥수동, 신당동 부근이에요. 성수동 이후로 대안적인 장소들이 많이 생기고 있다는 느낌을 받고 있습니다.

당신이 속한 분야의 현재 흐름이나 경향은 어떻다고 생각하나요?
브랜드 디자인 업무의 특성상 라이프스타일 분야의 다양한 브랜드와
협업을 하게 되는데요. 2020년 초, 코로나바이러스의 영향으로 많은
산업이 비대면으로 전환되며 본격적인 플랫폼 시대가 열렸다면, 포스트
코로나 시기에 도달한 현재는 다시 오프라인과 리테일 경험 브랜딩이
주목받고 있습니다. 많은 브랜드에서 단순 쇼룸을 넘어 고객 경험을
극대화할 수 있는 플래그십 공간과 콘텐츠를 개발하는 데에 관심을
두고 있는 것 같아요.

인사이트를 얻기에 서울은 적합한 도시인가요? 어떤 부분이
그런지 말씀해 주세요. 전 세계적으로 브랜드가 입을 모아 이야기하는
타겟층인 MZ세대에 대한 인사이트를 얻기에 동시대의 서울만 한
도시가 또 있을까요? 서울은 거대하고, 다양하며, 역동적이고, 변화가
빠른 도시입니다. 패션, 뷰티, F&B 등 다양한 라이프스타일의 가장
업데이트된 버전을 경험할 수 있는 도시이죠.

'좋은 공간'의 기준이 있다면 무엇인가요? 좋은 공간의 중심에는
공간을 운영하는 이의 철학이 있고, 이는 해당 공간의 정체성이 된다고
생각해요. 짧은 시간 안에 우르르 생겨나고 사라지는 들뜬 유행과는
무관한, 변하지 않는 태도로 한 장소를 묵묵히 지키는 철학이 있는
공간을 저 또한 사랑하고요. 한편 지역성도 중요한데, 동네의 맥락 안에
놓인 공간이 주는 자연스러운 정서가 중요한 것 같아요.

현재 눈여겨보고 있는 서울 기반의 브랜드 혹은 공간이 있다면
소개해 주세요. 워키토키 갤러리. 서울을 기반으로 하는 동시대
디자인 갤러리로, 디자이너와 기획자, 소비자 사이의 경쾌한 송수신을

추구한다는 의미에서 '워키토키'라는 이름을 지었다고 해요.
대한민국에서 활동하는, 오리지널리티를 지닌 가구·사물 디자이너의
작업과 그 작업 이면의 사고와 상상력을 소개하는 공간입니다.

당신에게 가장 많은 영감을 준 서울의 공간을 소개해 주세요.
비하인드 합정, 학림다방, mk2, 팩토리2, 이라선, 클리크레코드,
웜그레이테일, 비전 스트롤, 코블러, 티티에이

크고 작은 공간이 생성과 소멸을 반복하는 서울에서 트렌드와
상관없이 자주 방문하는 단골 상점이 있다면 소개해 주세요.
그 이유가 궁금합니다. 상수동 상수리. 10년이 넘는 시간 동안 상수역
4번 출구 앞을 지키고 있는 바예요. 20여 년 전, 홍대에서 '바다'라는
바를 운영하던 사장님이 오픈해 지금은 아들이 운영하고 있는 2대에
걸친 역사가 있는 곳이죠. 오랜 시간 단련된 손에서 만들어지는
칵테일은 서울의 웬만한 바와 비교할 수 없는 맛이랍니다.

서울은 당신에게 어떤 인사이트를 주는 도시인가요? 패션, F&B,
공예, 뷰티 등 라이프스타일 분야의 가장 최근 소식을 접할 수 있는
도시. 대형 브랜드의 팝업이나 플래그십 등 자본과 결합된 브랜드의
활발한 활동을 경험할 수 있는 도시. 한편, 동네마다 다른 분위기를
지녀, 거대한 도시가 품은 다양한 결을 느낄 수 있는 도시. 오래된 것과
새 것, 거친 것과 매끈한 것이 중첩된, 독특한 에너지를 전하는 도시.

부지런해야만
살아남는 곳, 서울

조미연 라라디자인컴퍼니 대표

2016년 우연한 기회로 실내 인테리어 디자인 디렉팅을 진행하게 되면서 지금의 라라디자인컴퍼니를 설립했다. 건축, 인테리어 디자인 또는 콘텐츠 기획, 브랜딩 등 다양한 분야에서 디자인 디렉터로 활동하고 있다.
@pandora_rara

서울이라는 도시에 대해 기억에 남는 에피소드가 있다면 들려주세요. 2019년 프로젝트를 위해 베를린에 시장 조사를 간 적이 있어요. 베를린의 펍과 카페를 둘러보는 것이 목적이었는데, 결국 도달한 결론은 '서울이 가장 핫하다'는 것이었어요. 베를린이라고 해서 서울과 크게 다르지 않더라고요. 오히려 국내의 공간들을 공부해야겠다고 깨닫게 된 계기가 되었습니다.

현재 서울에서 개인적으로 가장 좋아하는 지역과 그 이유가 궁금합니다. 북촌 지역을 꼽고 싶은데요. 한국의 고유한 문화와 차분한 분위기를 느낄 수 있어 좋아하는 동네입니다. 트렌드를 북촌만의 방식으로 풀어내는 신선함도 갖추고 있죠.

현재 서울에서 가장 주목하고 있는 지역이 있다면 어디인가요? 혹은 앞으로 주목받으리라 예상되는 지역이 있다면요? 아무래도 성수동이 무한대로 아이코닉하게 성장하지 않을까 싶네요. 해외 관광객이나 디자인 관계자들이 필수로 들러야 하는 동네가 되었으니까요. 전시, 스토어, F&B, 나아가서는 에어비앤비나 숙박 산업까지 다양한 분야의 비즈니스가 더 많이 몰려들 것이라 생각합니다.

당신이 속한 분야의 현재 흐름이나 경향은 어떻다고 생각하나요?
디자인과 콘텐츠를 받아들이는 소비자의 감도가 과거와 비교했을 때
굉장히 상향평준화 되었어요. 그렇기 때문에 모든 디자인과 콘텐츠
기획, 그것을 풀어내는 방식에 더욱 깊이가 있어져야 한다고 봅니다.

인사이트를 얻기에 서울은 적합한 도시인가요? 어떤 부분이
그런지 말씀해 주세요. 그렇다고 생각해요. 해외 바이어들이 서울에
열광하고 있는 게 사실이니까요. 실제로 코로나가 종식되면서 외국의
디자인 계통 바이어들은 서울을 방문할 수 있게 되어 행복하다고 해요.
럭셔리와 캐주얼, 여기에 더해지는 동양적인 요소까지 서울은 매우
다채로운 얼굴을 보여주는 도시입니다.

'좋은 공간'의 기준이 있다면 무엇인가요? 태도와 서비스는 필수
요소라고 생각해요. 모든 상점과 도시에 대한 판단은 사람으로부터
느꼈던 감정이 큰 역할을 하니까요. 저 또한 아무리 어떤 도시와 공간이
좋았어도 그 도시를 이루는 구성원들의 태도가 불쾌하면 그 기억이
가장 큰 자리를 차지하더라고요. 반면 태도와 서비스가 좋으면 다른
무언가가 부족하더라도 사람의 마음을 움직이게 만드는 것 같아요.

현재 눈여겨보고 있는 서울 기반의 브랜드 혹은 공간이 있다면
소개해 주세요. MMK. 새로운 키친 디자인을 보여줄 뿐만 아니라 'We
Build Kitchen culture'라는 가치를 실현하고 있는 브랜드예요. 함께
뉴 키친 프로덕트 작업을 한 적이 있는데, 모든 구성원들이 브랜드의
현재를 즐기면서 더 즐거운 미래를 바라보는 것이 오롯이 느껴졌어요.
그러한 마음은 결국 디자인 경험으로 소비자들에게 공감을 불러일으킬
수 있을 거라고 생각해서, 앞으로가 더 기대되는 브랜드입니다.

당신에게 가장 많은 영감을 준 서울의 공간을 소개해 주세요.
현대적인 아름다움과 한국 고유의 멋이 함께 느껴지는 국립현대미술관,
컨템포러리 가구과 작품 큐레이션을 늘 트렌디하게 보여주는 도산공원의
hpix, 정제된 분위기를 느낄 수 있는 한남동 모노하, 파리의 가장
트렌디한 스토어를 연상시키는 용산의 콤포트 서울, 섬세함과 감도
깊은 정체성이 가득한 포인트오브뷰, 한국적이고 모던한 정취가 동시에
느껴지는 신당동의 더피터커피, 유럽 감성이 물씬 풍기는 편집숍 세실
앤 세드릭

크고 작은 공간이 생성과 소멸을 반복하는 서울에서 트렌드와
상관없이 자주 방문하는 단골 상점이 있다면 소개해 주세요.
그 이유가 궁금합니다. 신당동에 있는 '더피터커피'를 자주 방문해요.
제가 진행한 프로젝트라서 애정이 가는 것도 있지만, 그것과는 별개로
언제 가도 편안한 느낌이 들어 좋아합니다.

만약 서울에 공간을 만든다면 어떤 공간을 만들고 싶나요?
사람들이 오래오래 사랑하는 공간이요. 요즘 인스타그래머블한 공간은
너무 많잖아요. 하지만, 사람들이 이런 공간에 오래도록 머무는 경우는
많지 않은 것 같아요. 단지 한 번 거쳐 가는 곳이 아닌, 시간이 지나도
한결같은 느낌이 드는 편안한 공간을 만들고 싶어요. 늘 느끼지만 가장
어려운 일인 것 같습니다.

서울은 당신에게 어떤 인사이트를 주는 도시인가요? 다양한
기호의 사람들이 많아서, 저 또한 영감을 얻으려고 스스로 채찍질도
하고 반성도 하며, 공부하고 싶어지는 자극적인 도시예요. 어느 순간을
놓치면 따라가기 어렵다고 느껴질 정도로 부지런히 움직이게 만듭니다.

무한한 가능성의 도시

조아란 민음사 마케터

민음사의 15년 차 마케터. 콘텐츠 기획팀장
으로, 도서 마케팅을 포함해 민음사 유튜브
채널을 비롯한 소셜미디어 관리와 기획을
맡고 있다. @ah0_0ran

당신이 생각하는 서울의 단상은 어떠한지 궁금합니다.
현재는 김포에 살고 있지만 초등학교 1학년부터 서른이 넘게까지 서울
동작구에 거주했어요. 14년 넘게 강남 신사동으로 출퇴근하고 있고요.
서울에 살았을 때는 서울과 서울을 둘러싼 수도권이 얼마나 넓은지
몰랐어요. 김포로 거주지를 옮겨 매일 아침 신사동으로 이동하는 삶을
살아보니 서울이 얼마나 넓은지, 서울에 얼마나 다양한 동네가 있는지
다시금 알게 됐습니다. 서울을 떠나서야 서울을 감각하게 된 거죠.

현재 서울에서 개인적으로 가장 좋아하는 지역과 그 이유가
궁금합니다. 사당동 이수역 인근. 고향의 의미를 내가 기억할 수
있는 유년기를 보낸 곳으로 한정한다면 그곳이 사실상 저의
고향입니다. 초등학교에 입학하던 시절부터 30대 중반까지 그곳에
살았죠. 이 지역의 매력은 직접 살아봐야 알게 되는 것 같은데요.
유행에 민감하거나 세련된 곳은 아니지만 규모 있는 전통시장,
먹자골목, 편리한 접근성, 조용한 거주 지역 등 이 공간에서 살아가는
주민들에게 '살기 좋은 동네'라는 소속감과 자부심을 주는 곳입니다.

현재 서울에서 가장 주목하고 있는 지역이 있다면 어디인가요? 혹은 앞으로 주목받으리라 예상되는 지역이 있다면요? 서울을 기반으로 생활하면서 최근 느낀 점인데요. 서울에서는 힙한 곳이 그렇게 중요하지 않은 것 같아요. 어느 동네를 가더라도 흥미로운 거리나 상점이 있거든요. 워낙 많은 인구가 밀집해서 살고 있는 도시이기 때문에 그만큼 어디를 가도 밀도가 있다고 할까요? 그런 의미에서 어떤 계기만 있다면 서울 대부분의 지역이 앞으로 주목받을 가능성을 지니고 있는 곳인 것 같아요.

당신이 속한 분야의 현재 흐름이나 경향은 어떻다고 생각하나요? 출판 분야에서 오프라인 공간을 두고 가장 흥미로운 흐름은 '독립(동네) 서점'이 아닐까 합니다. 이러한 흐름은 출판 콘텐츠의 흐름과도 어느 정도 맞닿아 있는 것 같아요. 과거에는 모든 사람들이 함께 읽는 베스트 셀러의 경향이 뚜렷했다면 최근의 경향은 정말로 다품종 소량생산의 끝을 향해 가고 있다고 해도 과언이 아니에요. 작가의 경우도 마찬 가지죠. 그동안 작가라고 하면 어떤 권위를 가진 사람이라는 인식이 있었지만 요즘은 그렇지도 않아요. 나와 비슷한 사람들의 이야기를 더 많이 듣고 싶어 하고, 더 나아가 자신의 이야기를 하고 싶어 해요.

인사이트를 얻기에 서울은 적합한 도시인가요? 어떤 부분이 그런지 말씀해 주세요. 출판이 다루는 콘텐츠는 고전부터 첨단의 이야기까지 상당히 다양합니다. 그렇기 때문에 교류가 활발하고 전통과 유행이 공존하는 서울이라는 도시가 비즈니스에 해로울 리 없죠. 저자와 출판사, 출판사와 독자, 저자와 독자 등의 연결 또한 서울에서 가장 활발하며 서울국제도서전이나, 언리미티드에디션, 와우북페스티벌과 같이 출판 문화를 집약적으로 보여주는 행사들도 모두 서울을 기반으로 진행되니까요. 그렇기에 서울은 한국 출판의 중심이자 한계이기도 한 것 같아요. 출판은 한편으로는 주변부의 이야기를 듣고자 하는 열망이 어떤 산업보다 큰 분야입니다.

'좋은 공간'의 기준이 있다면 무엇인가요? 서울을 기반으로 하는 공간들의 경우 전체적인 퀄리티가 상향평준화 되어 있는데요. 이럴 때, 한 번 더 갈지 말지를 결정하게 되는 지점은 결국 품질과 서비스 그리고 태도가 아닌가 해요. 경험적으로요. 아무리 멋진 잘 꾸며진 공간이라도 그냥 어디서 유행하는 요소들을 차용해 쓴 건지 진짜 어떤 철학을 가지고 디테일을 매만진 건지는 공간에 입장하는 순간 체감하게 되는 거죠. 그리고 결국 '사람'이 가장 중요한 것 같아요. 대부분의 활동을 온라인으로 할 수 있는 시대의 좋은 상점이란 결국 그 공간을 운영하는 '사람'과의 직접적인 교류와 연결에 있지 않을까요? 앞으로의 좋은 상점은 정말로 매끄럽고 거대한 규모의 프랜차이즈이거나 골목골목의 문화나 철학을 직접 느낄 수 있는 인간적인 공간이 아닐까 합니다.

현재 눈여겨보고 있는 서울 기반의 브랜드 혹은 공간이 있다면 소개해 주세요. 오이뮤. 서울을 기반으로 하는 디자인 스튜디오로, 민음사와 '성냥 프로젝트' 때부터 지금까지 8년째 협업을 이어오고 있어요. 민음북클럽, 워터프루프북 등과 같은 민음사의 대표 작업들을 같이 해오고 있죠. 오이뮤는 단단한 뿌리를 가지고 결코 휘발되지 않는 상품을 만들어요. 성냥은 기능적으로는 다른 상품으로 완전히 대체되었지만, 오이뮤의 프로젝트를 통해 아날로그 감성을 전달하는 기호품이자 디자인 상품으로 거듭나게 되었어요. 제사 때만 쓰이던 선향을 동시대의 기호와 취향을 나타내는 제품으로 탄생시키기도 했죠. 오이뮤의 작업 방식과 결과물은 늘 저에게 영감을 줍니다.

몸 담고 있는 분야의 비즈니스를 위해 해외에서 서울을 방문한 사람이 있습니다. 그에게 하루 동안의 서울 여행 코스를 제안한다면? 다소 뻔해 보일지 모르지만, 북촌과 서촌 코스를 소개하고 싶어요. 경복궁, 광화문, 청와대까지 필수 관광지를 품은 지역이기도 하지만 제가 투어에 꼭 소개하고 싶은 공간인 서점들도 많거든요. 'ofr seoul', '이라선', '보안책방' 등 감각적인 독립서점들을 방문할 수 있고, 정독 도서관이나 청운 문학도서관 같은 공간도 흥미롭습니다. 책 관련 공간 외에도, 서촌과 북촌에는 '노티드 도넛', '레이어드', '런던 베이글 뮤지엄', '소금집', '어니언 안국' 등 현재 서울에서 가장 핫한 F&B 브랜드도 만날 수 있잖아요. 인사동의 전통 맛집들과 재래시장은 말할 것도 없고요.

당신에게 가장 많은 영감을 준 서울의 공간을 소개해 주세요. 인덱스숍, 콜링북스, 광화문 교보문고, 트레바리 강남, 소전서림, 나이스웨더(외 CNP의 상점들), 런던 베이글 뮤지엄, 커피엔시가렛, 오버스토리 성북, 남성사계시장

크고 작은 공간이 생성과 소멸을 반복하는 서울에서 트렌드와 상관없이 자주 방문하는 단골 상점이 있다면 소개해 주세요. 그 이유가 궁금합니다. 소각. 마라탕과 가지 탕수가 일품인 중식당이에요. 맛도 맛이지만 단골이라고 했을 때 이곳을 떠올린 이유는 결국 사람 때문인 것 같아요. 바쁜 점심시간에도 늘 친절하고 저를 알아봐 주는 주인이 있는 가게는 드물잖아요. 제 성격 탓인지 모르겠지만 14년을 신사동에서 근무하면서 주인과 인사하고 지내는 식당은 소각이 유일합니다.

만약 서울에 공간을 만든다면 어떤 공간을 만들고 싶나요? 서로의 서재를 공유하는 아지트를 만들고 싶어요. 서울의 1인 가구들은 늘 책 사는 걸 두려워하죠. 책은 공간이 정말로 많이 필요한

상품이니까요. 소모되어 사라지지도 않잖아요. 그래서 집의 외부에 개인 서재를 위한 장소를 따로 마련하고 그곳에서 따로 시간도 보내고 사람도 만나면 어떨까 하는 공상을 자주 합니다. 공공도서관보다는 사적이고 개인 작업실보다는 공적인 공간을 취향과 성향이 맞는 사람들을 위한 네트워크 공간으로 만드는 거죠. 생각보다 이런 공간에 대한 로망을 가진 지인들이 많더라고요. 서점이나 도서관, 독서 모임 아지트 등이 책을 매개로 한 대표적 공간들인데, 이 밖에 어떤 제3의 공간을 만들 수 있을지 상상할 때 기분이 좋아져요.

보다 살기 좋은 서울을
만들어 가는 법

조혜빈 엠티엘컴퍼니 브랜드 기획자

브랜드 매니지먼트 그룹 엠티엘컴퍼니의 콘
텐츠 디렉터. 온오프라인 플랫폼 mtl을 돌보
다가 최근에는 보난자커피 코리아를 중심으
로 스페셜티 커피의 일상화라는 미션에 집중
하고 있다. @bonanzacoffee_korea

당신이 생각하는 서울의 단상은 어떠한지 궁금합니다.
어릴 때부터 어머니와 한국의 문화에 관한 서로의 생각을 나누고는
했어요. 자부심을 갖고 지켜야 할 아름다운 가치와 더불어 아쉬운
점도 솔직하게 이야기하죠. 예컨대 누구나 자연스럽게 문화예술을
누리고, 편안하게 휴식을 즐길 만한 환경이 충분히 마련되어 있지
않다는 점이요. 해외여행을 다니며 좋은 경험을 할 때면 '이런 분위기,
이런 문화를 한국에 가져오고 싶다'라는 생각이 가득해져요. 서울을
본거지로 두고, 세계 곳곳을 돌아다니며 얻은 영감을 서울에 맞게
적용해 뿌리내리게 하는 그림을 그리곤 합니다.

서울이라는 도시에 대해 기억에 남는 에피소드가 있다면
들려주세요. 서울시에서 2020년까지 사용했던 슬로건, '함께서울'을
아시나요? 슬로건과 함께 쓰였던 로고는 양쪽에서 붙잡은 손으로
하트가 만들어지는 모양이에요. 그 슬로건을 알기 전에, 제 나름의
의미를 담아 발목에 타투를 새겼는데, 어느 날 길을 지나가다 함께
있던 지인이 "저거 너 타투 아니야?" 하더라고요. 보니까 지나가는

버스에 '함께서울'이라는 슬로건과 함께 제 타투와 같은 모양의 로고가 걸려 있었어요. 서울시 로고를 몸에 새기고 다닌다니 당황스러웠지만, '의미는 비슷하니까, 뭐. 운명이네.' 싶었죠.

현재 서울에서 개인적으로 가장 좋아하는 지역과 그 이유가 궁금합니다. 한 지역을 꼽으라면 전통과 현대적인 요소가 어우러지고, 모든 연령층을 아우르는 서촌과 경복궁 일대를 꼽을 수 있을 것 같아요. 근사하게 나이 든 나무가 많고, 건물이 낮아 하늘과 산의 능선이 잘 보이는 점을 좋아합니다. 새로운 변화가 활기를 만들어 내면서 고유한 가치 또한 공존하는 지역이라고 생각해요.

현재 서울에서 가장 주목하고 있는 지역이 있다면 어디인가요? 혹은 앞으로 주목받으리라 예상되는 지역이 있다면요? 자기만의 단단한 철학으로 운영하는 작은 가게들이 지역 흐름을 바꾸어 나가는 모습을 유심히, 애정 어린 시선으로 지켜봅니다. 가게를 운영하는 분들이 추구하는 가치가 곧 영향력이 되어, 점점 더 살기 좋은 곳이 되어가고 있다는 생각이 들곤 하죠. 그런 흐름이 보이는 지역 중 하나의 예시로는 홍제동이 있어요. 동네 단골들의 활기와 따뜻한 온기가 느껴지는 '롯지190', 제로 웨이스트를 실천해 나가는 데에 앞장서는 '보틀라운지'같이 5년 이상 자리를 지킨 가게들이 있고, 식물성 식재료로 만든 음식을 선보이는 채식 식당 '베지스 Veggies'가 생겼다길래 얼른 가보고 싶어서 기회를 엿보고 있어요.

당신이 속한 분야의 현재 흐름이나 경향은 어떻다고 생각하나요? 최근 개성 있는 가게, 브랜드가 더 많아져야 한다는 주제로 열띤 대화를 하다 보니 '평균 실종'이라는 개념으로 이어졌어요. 한국 문화 흐름 상 '일반적이라고 여기는 평균'을 기준으로 삼는 경우가 많잖아요.

어떤 분야에서든 의례적으로 따르던 기준들을 깨고, 용기 있게 시도하는 사례를 마주할 때마다 가슴이 뛰어요. 끊임없이 사회에, 그리고 스스로 '왜?'라는 질문을 던지며 새로운 판을 짜는 사람들이 흐름을 만들어 내잖아요. 다양한 갈래로 뻗어나가는 움직임을 바람직하게 바라보고 있습니다.

인사이트를 얻기에 서울은 적합한 도시인가요? 어떤 부분이 그런지 말씀해 주세요. 그럼요! 직접 가서 경험하고 싶은 공간, 팝업, 전시 소식이 끊임없이 이어지니, 주말이면 시간을 쪼개 방방곡곡 돌아다니기 바빠요. 지인들과 장난 반 진담 반으로 '지독하게 서울에 최적화된 사람'이라고 말하곤 합니다. 때로는 워낙 빠른 속도에 중심을 잃고 흔들리거나 피로감을 느끼기도 하지만, 서울을 벗어나거나 집에서 유유자적한 시간을 며칠 보내면 또 서울이 그리워져요. 무엇을 할지, 그리고 하지 않을지 선택하는 자기만의 기준만 뚜렷하다면 인사이트를 얻기에 충분하다고 생각합니다.

'좋은 공간'의 기준이 있다면 무엇인가요? 누구도 대체할 수 없는 고유한 정체성, 자기만의 관점이 있는지가 가장 중요하다고 생각해요. 정체성이 뚜렷할수록 매력적일 뿐만 아니라, 흐름에 휩쓸리지 않고 오래도록 지속되더라고요. 그리고 그곳에서 일하는 사람들의 열정과 자부심은 곧 소비자들이 느끼는 태도와 서비스로 이어져요. 좋은 인상을 결정짓는 데에는 인테리어나 다루는 요소, 소개하는 방식뿐만 아니라 일하는 사람들의 스타일, 표정, 몸짓, 말투 하나하나가 큰 영향을 지니니까요.

현재 눈여겨보고 있는 서울 기반의 브랜드 혹은 공간이 있다면 소개해 주세요. 셰프, 디자이너, 빈티지 컬렉터 등 각 분야 전문가들이 모여 컬렉티브 형태로 비즈니스를 전개하는 경우를 종종 목격하는데요.

'먼데이모닝마켓'은 셰프, 편집숍 39etc 공동 대표, 빈티지 가구 숍 컬렉트 바잉 디렉터까지 네 명이 모여 운영하는 공간으로, 금요일부터 월요일, 주 4일만 문을 열어요. 아침 햇살을 머금은 듯 산뜻한 노란색 로고부터, 식기와 가구의 조화, 심지어 일하는 분들의 차림새까지 아름답지 않은 요소가 없어서 방문할 때마다 기분이 좋아집니다. 보기도 좋고 맛도 좋은 음식은 기본이고요. 여럿이 강점을 모아 함께 일하는 구조가 흥미롭고, 끊임없이 성장하는 모습에 다음 행보가 기대돼요. 무엇보다 각자 개성을 녹여내고 그들만의 독특한 바이브가 묻어난다는 점이 재밌어요.

당신에게 가장 많은 영감을 준 서울의 공간을 소개해 주세요. 앤트러사이트, M1CT, 비전 스트륨, 업스탠딩커피, 무목적, 더프레이즈, 인왕산 대충유원지, 온그라운드, 어쩌다산책, 한양도성, 혜화동 전시 안내 센터, 디앤디파트먼트 서울, 국립현대미술관, 덕수궁

크고 작은 공간이 생성과 소멸을 반복하는 서울에서 트렌드와 상관없이 자주 방문하는 단골 상점이 있다면 소개해 주세요. 그 이유가 궁금합니다. 글월 연희. 브랜드가 만들어진 초기에 '편지가게의 앞날' 이라는 주제로 글월 대표님과 함께 토크를 진행한 적이 있어요. 부디 오래도록 곁에 있길 바라며 응원했는데, 지금은 확고한 정체성을 지니고 점점 더 많은 사람들에게 아낌 받으며 '편지'의 가치를 나누는 행보를 이어가고 계시니 기뻐요.

서울은 당신에게 어떤 인사이트를 주는 도시인가요? 앞서 언급한 브랜드들을 보며 생각해요. 우리(브랜드)가 나아가야 할 방향은 어디일까, 왜 우리여야 할까. 우리만의 방식은 뭘까. 경쟁이 아니라 더불어 잘 살기 위해서는 어떻게 해야 할까. 놀랍도록 빠른

속도로 성장을 이루어낸 날들을 지나, 현시점에 옳은 방향이 무엇인지 고민하며 한 걸음 한 걸음 제대로 내딛고 싶어요. 서울을 보다 살기 좋은 곳으로 만들어가는 브랜드들과 어깨동무하고서.

멈추지 않는 열정의 도시

차승희 (전)특급호텔 F&B 기획 총괄

신세계에서 호텔 브랜딩, 레스토랑 기획 및 운영 팀장으로 일했다. 특급호텔의 F&B 기획 총괄을 지내며 호텔 내 레스토랑의 상품력 강화를 위한 다양한 기획을 진행했다.
@seung_hee_cha

당신이 생각하는 서울의 단상은 어떠한지 궁금합니다. 캐나다로 요리 유학, 뉴욕으로 대학원 진학을 한 시간 외에는 성인이 된 이후 계속 서울에 살고 있습니다. 걷는 것을 좋아해 대학교 시절부터 서울의 모든 곳을 두 발로 걸으며 경험했는데요. 직장을 다니고 있는 지금도 1시간 30분씩 걸어서 출퇴근하며 서울을 오감으로 느끼고 있어요. 그렇게 느낀 서울은 바쁘지만 평온하고, 경쟁하지만 존중하고, 차갑지만 따뜻함이 공존하는 매력이 있는 도시입니다.

현재 서울에서 개인적으로 가장 좋아하는 지역과 그 이유가 궁금합니다. 지금 사는 집에서 남산까지는 걸어서 10분 정도 걸려요. 이사 온 지 1년이 넘은 지금도 아침마다 남산 한 바퀴를 걷고 출근하죠. 도심 속에 산세가 우거져 자연의 사계절을 담아낸다는 건 참 축복인 것 같아요. 매일 조금씩 다른 에너지를 내뿜는 남산이 저에게는 매일 큰 힘이 됩니다.

현재 서울에서 가장 주목하고 있는 지역이 있다면 어디인가요? 혹은 앞으로 주목받으리라 예상되는 지역이 있다면요? 한남동은 빅브랜드와 스몰 브랜드를 넘어선 크리에이터들의 무대이자, 하이엔드와 대중에 깊은 뿌리를 둔 주거 밀집 지역이기도 합니다. 그런 점에서 아주 작은 뉴욕 같다는 생각도 드는데요. 서울 사람들과 타지의 사람들, 우리나라 사람들과 외국인들이 모이고 헤어지기를 반복하는 한남동은 서울의 런웨이라고도 할 수 있을 것 같아요.

당신이 속한 분야의 현재 흐름이나 경향은 어떻다고 생각하나요? F&B 업계는 서울 사람들이 민감하게 반응하는 카테고리 중 하나예요. 그만큼 가치 판단의 기준과 잣대가 너무 많아서 하루에도 수십 번 갈채와 채찍이 오가죠. 최근에는 F&B에 패션, 건축, 엔터테인먼트 등 다양한 분야가 접목되면서 업계의 콘텐츠가 매우 풍요로워졌어요. 한 분야에 깊은 뿌리를 둔 정통성에 컨템포러리한 시대의 감성과 감각이 더해지면서 폭발적인 시너지가 나타나고 있다고 봅니다.

'좋은 공간'의 기준이 있다면 무엇인가요? 뚜렷한 정체성을 바탕으로 명확한 콘셉트를 설정하고 가장 적절한 방법과 태도로 서비스를 제공하는 것이 좋은 공간을 만드는 기본이라고 생각해요. '슬로건이 있으면 브랜드, 아니면 가게다.' 제가 존경하는 어떤 분께서 이런 말씀을 하신 것이 기억나는데요. 이 말의 뜻은 좋은 공간이 무엇이 되었든 간에 메시지를 전달하는 화자와 받아들이는 상대가 같은 생각으로 소통할 수 있도록 가치관이 바로 서야 한다는 의미라고 생각합니다.

현재 눈여겨보고 있는 서울 기반의 브랜드 혹은 공간이 있다면 소개해 주세요. 합정, 한남에 이어 세 번째로 문을 연 '서울브루어리 성수'. 국내 최대 수직 구조의 도심형 양조장으로, 지하 1층부터 지상 5층까지 카페와 다이닝, 팝업 멀티 스페이스 등 다양한 콘텐츠로 이루어져 있습니다. 아티스틱한 제품과 상업성을 겸비한 공간의 시너지가 기대되는 공간이죠.

몸 담고 있는 분야의 비즈니스를 위해 해외에서 서울을 방문한 사람이 있습니다. 그에게 하루 동안의 서울 여행 코스를 제안한다면? 과거의 유산을 보여줄 수 있는 곳과 미래를 이야기할 수 있는 곳을 비교하며 보여주는 것이 외국인에게 서울을 바르게 이해시킬 수 있는 적절한 방법이라고 생각해요. 마장동 축산시장에서 어떻게 식재료 거래와 유통이 이루어지는지 경험하게끔 한 다음 한우 오마카세 등 파인 다이닝 카테고리로 진화한 레스토랑의 모습을 보여주는 것이 하나의 예가 될 것 같습니다. 혹은 남대문 시장에서 파는 야채 호떡이나 도넛 등 일상 속 스윗 아이템을 체험하고 모던하게 풀어낸 티하우스에서 다과를 함께 즐겨보는 것도 또 하나의 반전 매력으로 느낄 수 있을 것 같네요.

당신에게 가장 많은 영감을 준 서울의 공간을 소개해 주세요. 분더샵, 설화수의 집, 락고재, 하우스 도산, 현대카드 디자인 라이브러리, 아워플래닛, 리움미술관, 아트선재센터, 덕수궁, 포인트오브뷰

크고 작은 공간이 생성과 소멸을 반복하는 서울에서 트렌드와 상관없이 자주 방문하는 단골 상점이 있다면 소개해 주세요. 그 이유가 궁금합니다. 하우스 도산에서는 젠틀몬스터, 탬버린즈, 누데이크 세 곳의 브랜드를 만날 수 있어요. 패션, 뷰티, F&B까지 분야는 다르지만 같은 정체성 아래 늘 새로운 콘텐츠로 끊임없이 변화를 주고 있죠. 덕분에 늘 좋은 자극을 얻고 있습니다.

만약 서울에 공간을 만든다면 어떤 공간을 만들고 싶나요?

제가 20년 넘게 꿈꾸고 있는 것이 있는데요. 바로 한국의 전통 디저트를 모던하게 보여줄 수 있는 공간입니다. 개인적으로 최고의 주류 안주는 디저트라고 생각해요. 그중에서도 한국 전통 병과의 매력은 무궁무진하죠. 전통 병과의 아름다움을 세련되게 보여주면서 오감을 자극할 수 있는 다양한 콘텐츠를 접목시키면, K-컬처를 선도할 수 있는 공간으로 자리매김할 수 있지 않을까요?

서울은 당신에게 어떤 인사이트를 주는 도시인가요?

멈추지 않는 열정, 주저하지 않는 도전 정신, 그와 동시에 자신을 낮추는 겸손, 상대를 인정하는 존중, 함께 살아가는 공존의 정신을 알려주는 도시입니다.

나를 감각적인 사람으로
만들어 주는 곳

최다예 언커먼홈 대표

뷰티 앤 라이프스타일 컴퍼니 언커먼홈의 대
표로, 힌스를 공동 설립하고 크리에이티브 디
렉터로 활동했다. 최근 헤어&바디 코스메틱
브랜드인 나르카를 론칭하며 뷰티 업계에 새
로운 바람을 일으키고 있다. @yeda.fr

당신이 생각하는 서울의 단상은 어떠한지 궁금합니다.
고향이 부산인 저에게 서울은 꿈과 동경의 도시였어요. 대학 입시를
준비하며 처음으로 방문했던 서울의 인상은 별세계나 다름없었죠.
끝없이 솟아오른 압구정의 빌딩과 빛나는 야경, 홍대의 시끌벅적한
에너지를 느꼈을 때의 충격은 대단했습니다. 그때부터 이 도시에서
살고 싶다는 열망이 생겼던 것 같아요.

서울이라는 도시에 대해 기억에 남는 에피소드가 있다면
들려주세요. 업계 특성상, 시장 조사 차원에서 해외에 나갈 일이
많은데요. 감각적인 숍에 들어가, 직원과 가볍게 이야기를 나눌 때 어디
출신이냐는 질문을 받으면 한국이라고 말하기보다는 서울 출신이라고
말하게 되는 것 같아요. 그러면 그때부터 상대방의 눈이 반짝거리기
시작하죠. '요즘 서울은 어때?' '서울에서 핫한 브랜드는 뭐야?' '서울에
가볼 예정인데 어디를 들리면 좋을까?' 등등 질문이 쏟아집니다.
서울에서 왔다는 한마디가 저를 트렌드에 좀 더 민감한, 감각적인
사람으로 만들어 주는 것 같아요.

현재 서울에서 개인적으로 가장 좋아하는 지역과 그 이유가 궁금합니다. 북촌과 서촌 등 오랜 역사와 이야기를 간직한 공간을 좋아해요. 현재 살고 있는 동네도 북촌인데요. 이 동네에 살게 된 이유도 오래된 것과 새로운 것이 만나 탄생하는 흐름에 큰 관심이 있기 때문이에요. 창경궁의 기와, 돌담길, 고즈넉한 정취를 느끼다가도 핫한 스토어, 감각적인 사람들이 한데 모인 에너지를 느낄 수 있어 굉장한 영감을 받게 되는 것 같아요.

당신이 속한 분야의 현재 흐름이나 경향은 어떻다고 생각하나요? 현재 한국과 서울의 뷰티는 전 세계적인 주목을 받고 있습니다. 유행이 빠르고, 그 유행을 따라가는 소비자들을 직접적으로 볼 수 있고, 눈 깜짝할 새에 새로운 제품이 나오고 있죠. 모든 것이 빠르게 돌아가는 서울 안에서 관련 일을 하는 것은 정말 축복이라고 생각해요.

'좋은 공간'의 기준이 있다면 무엇인가요? 유행에 맞는 콘셉트를 만들어 내는 것은 자본으로 이뤄낼 수 있지만, 지역의 정체성을 바탕으로 자연스럽게 만들어지는 콘셉트와 분위기는 그 누구도 따라 할 수 없는 고유성을 띠게 돼요. 그곳에 공간을 만들어 내는 사람들의 철학과 정체성이 더해진다면 보이는 것 이상의 문화가 만들어지리라 생각합니다.

현재 눈여겨보고 있는 서울 기반의 브랜드 혹은 공간이 있다면 소개해 주세요. 포스트아카이브팩션. PAF라고도 불리는 이 패션 브랜드의 앞으로가 더욱 궁금해집니다.

몸 담고 있는 분야의 비즈니스를 위해 해외에서 서울을 방문한 사람이 있습니다. 그에게 하루 동안의 서울 여행 코스를 제안한다면? 뷰티 신에서의 비지니스 인사이트를 얻고 싶다면 다음과 같은 지역을 위주로 살펴보면 좋을 것 같아요. 먼저 한남동에는 이솝, 르라보, 논픽션, 힌스, 어뮤즈 스토어가 있고 북촌에는 탬버린즈, 샹프리, 설화수의 집이 있죠. 성수동에서는 아모레 성수를, 명동에서는 올리브영 본점을 방문해 보면 좋을 것 같습니다.

당신에게 가장 많은 영감을 준 서울의 공간을 소개해 주세요. 이라선, 윤동주 도서관 & 청운 문학도서관, PKM 갤러리, 논픽션 삼청, 기사(kisa)

만약 서울에 공간을 만든다면 어떤 공간을 만들고 싶나요? 작년에 덴마크 여행을 다녀왔는데요. 프라마 FRAMA의 매장에서 깊은 감명을 받았습니다. 모든 것들이 여유롭게 천천히 흘러가는 특유의 분위기 아래 오랜 기간 스토리를 쌓아 나가고 있는 가구들과, 크게 멋 부리지 않아도 좋은 재료로 만들어진 스몰 디쉬의 카페를 즐길 수 있었어요. 저를 응대하는 모든 스태프들은 특별히 과하게 친절하지 않지만, 제가 그 공간에서 여유를 가지고 모든 서비스를 즐길 수 있게끔 배려하는 인상을 받았습니다. 저 또한 브랜드의 제품을 오감으로 체험할 수 있는 공간, 고객의 삶에 천천히 스며들어 언제든 다시 방문하고 싶은, 편안한 브랜드 아틀리에를 만들고 싶어요. 그 아래 서울에서 나고 자란 우리들의 이야기와 브랜드의 스토리가 함께 응축될 수 있다면 금상첨화겠죠!

서울은 당신에게 어떤 인사이트를 주는 도시인가요? 럭셔리 브랜드 플래그십부터, 핫한 디자이너 브랜드의 편집숍과 팝업 스토어까지, 서울은 매주 새롭게 탄생하는 공간을 방문하기에 빠듯할 정도로 큰 주목을 받고 있어요. 몇 년 전만 해도 새로운 인사이트를 얻기 위해 가까운 도쿄를 방문하고는 했는데, 이제는 정말 그럴 필요가 없는 것 같아요. 새로운 유행이 빠르게 유입되고, 그것이 또 서울 특유의 감성으로 재해석되는 것을 목격하며 큰 영감을 얻고 있습니다.

멈추지 않고 살아
움직이는 도시

최소현 네이버 디자인 & 마케팅 부문장

크리에이티브 컨설팅 그룹 퍼셉션을 창업해
20년간 브랜드 경험 디자인과 디자인 매니지
먼트 분야에서 전문가로 활동해 왔다. 현재 네
이버의 디자인과 마케팅, 브랜딩 영역을 총괄
하는 업무를 맡고 있다. @irisgood

당신이 생각하는 서울의 단상은 어떠한지 궁금합니다.
서울에서 나고 자라 최근까지 서울에서 직장을 다니다 작년 겨울
분당으로 직장을 옮겼어요. 유년 시절은 마포구, 중학교 때부터는
서초구에 쭉 거주하고 있고요. 고등학교는 종로구, 대학교는 관악구,
대학원은 서대문구에 자리하고 있어서 시기마다 거점 지역이 달라요.
상대적으로 서울의 꽤 많은 곳을 경험한 셈이죠. 시간적 여유가 될 때는
낯선 버스를 타고 모르는 동네에 가기도 하고, 운전을 해도 매일 똑같은
길보다 다른 길로 향하는 것을 보면, 여전히 서울은 저에게 보물섬
지도와 같은 곳이 아닐까 싶어요.

서울이라는 도시에 대해 기억에 남는 에피소드가 있다면
들려주세요. 고등학교 국어 시간에 선생님께서 이런 말씀을 하신 적이
있어요. 한강 다리를 걸어서 건너보지 않는 사람과 인생을 이야기하기는
어렵다고요. 그 이후로 저는 자주 한강 다리를 걸어서 건너곤 합니다.
차들이 쌩쌩 달리는 소란에 개의치 않고 호젓이 두 다리로 강을 건너는
이들을 만나면 많은 생각을 하게 되죠. 선생님의 그때 그 말씀과 열심히

한강 다리를 걸어서 건너던 시간이 없었다면 아마도 제 삶은 지금보다 훨씬 더 건조하지 않았을까요?

현재 서울에서 개인적으로 가장 좋아하는 지역과 그 이유가 궁금합니다. 깔끔하게 정리된 계획 도시보다 오랫동안 사람들이 살아온 흔적이 있는 곳을 좋아해요. 그런 면에서 부암동, 옥인동, 서촌에서 사직동까지 이어지는 길을 좋아하는데요. 날이 흐려도 나름의 운치가 있고 천천히 걸어도 괜찮은 곳이라 편안한 마음으로 생각을 정리하고 싶을 때 찾게 됩니다. 골목에는 오래된 가게와 새로운 가게가 함께 있고, 지나다니는 사람들은 각자 인생의 서사가 한 보따리일 것 같은 표정이라 그들과 마주치는 매 순간은 새로운 영감이 되어주죠.

현재 서울에서 가장 주목하고 있는 지역이 있다면 어디인가요? 혹은 앞으로 주목받으리라 예상되는 지역이 있다면요? 하루가 다르게 변하는 서울은 어떤 관점으로 바라보는지에 따라 주인공을 달리 설정할 수 있습니다. 비즈니스와 컨템포러리한 도시에 기대를 갖는다면 영동대로, 오랜 땅의 역사와 결을 잘 간직하면서도 지속 가능한 모습이 기대되는 곳을 꼽으라면 문래동과 창신동이죠. 특히 문래동은 꽤 오래전부터 관심이 있던 곳인데요. 무언가를 만들어 내는 열정과 생산의 에너지, 한국의 근현대사를 고스란히 담고 있는 문래동은 성수동에 비해 개발 속도는 늦지만, 규모감 있는 공간의 하드웨어와 날것의 이미지가 생생하게 살아있습니다. 문화와 예술의 기운이 사라지지 않고 갈수록 더욱 단단해지고 있죠.

인사이트를 얻기에 서울은 적합한 도시인가요? 어떤 부분이 그런지 말씀해 주세요. 디자인, 브랜딩, 공간과 건축, 빅테크 등 다채로운 여러 영역을 아우르는 일을 하다 보니 복합적인 변화를 체감할 수 있는 서울에 살고 있다는 것이 큰 자산이 됩니다. 각기 다른 이상향을 가진 사람들이 모여 있고 글로벌에서 주목하고 있는 도시인만큼 다채로운 변화에 대해서는 테스트베드로서 무궁무진한 가능성을 가지고 있죠. 다행히도 옛것과 새것, 날 것과 정제된 것들을 편향되지 않게 배치하려는 사람들의 노력이 다양한 시도로 이어지고 있는 것 같아요. 다만 엄청나게 빠른 속도로 변화하는 중에 오늘은 다채로웠다가 어느 순간 갑자기 비슷한 모습으로 수렴되어 아쉬움도 있습니다.

'좋은 공간'의 기준이 있다면 무엇인가요? 철학이 또렷한 정체성과 좋은 품질을 만들고, 그것을 잘 전달하려는 태도와 서비스가 상점을 찾는 고객들과의 좋은 관계를 지속적으로 유지할 수 있게 만든다고 믿어요. 이와 더불어 좋은 공간이라면 내 가게가 속한 골목, 나아가 도시 전체에 작더라도 긍정적인 영향을 줄 수 있어야 한다고 생각합니다.

현재 눈여겨보고 있는 서울 기반의 브랜드 혹은 공간이 있다면 소개해 주세요. 이스라이브러리. 과거의 유산으로 미래를 만들어 내는 양태오 디자이너가 론칭한 한방 화장품 브랜드입니다. '한국의 전통과 현대의 기술을 결합해 동시대적 아름다움을 선사하는 모던 한방 화장품'을 표방하는 이 브랜드는 우리 전통을 가장 쉽게 알릴 수 있는 실천이기도 해요. 국내뿐만 아니라 포시즌스 중국, 시그니엘 베트남 등의 국제적인 호텔 브랜드에 어메니티로 나가고 있는데 그동안 잘 알려지지 않았던 한방을 세계인들에게 인식시키는 중요한 역할을 하고 있다고 생각합니다.

당신에게 가장 많은 영감을 준 서울의 공간을 소개해 주세요. 국립현대미술관, 서울공예박물관, 피크닉, 분더샵 청담과 도산공원

일대, 더현대 서울, 로프트북스, 최인아책방 , 포인트오브뷰, 브루잉
세레모니

크고 작은 공간이 생성과 소멸을 반복하는 서울에서 트렌드와
상관없이 자주 방문하는 단골 상점이 있다면 소개해 주세요.
그 이유가 궁금합니다. 오월의 종, 일광정사, 맛차차, 일미락, 모노하와
같은 공간들. 오랜만에 들러도 늘 변함없으면서도 박제된 것이 아니라
각자의 속도대로 작고 큰 변화를 만들고 있는 곳들이에요. 업의 존재
이유와 철학이 분명하고 퀄리티를 양보하지 않으며 자기다운 모습과
태도로 고객을 맞이하는 것이 좋아 지속적으로 방문합니다.

서울은 당신에게 어떤 인사이트를 주는 도시인가요?
의지만 있다면 무궁무진한 영감을 얻을 수 있는 도시입니다. 경험
요소가 지나칠 정도로 많아 과부하가 올 수도 있지만 어떤 관점으로
인사이트를 얻을지가 분명하다면 작은 노력으로도 큰 성과를 취할 수
있을 거예요.

좌충우돌
예측 불가능의 도시

최원석 프로젝트 렌트 대표

오프라인 팝업 스토어 붐의 시작인 프로젝트 렌트의 대표로, 오프라인 마케팅 플랫폼 서비스를 운영하며 여러 브랜드 컨설팅과 공간 개발 업무를 겸하고 있다. @w.choi

당신이 생각하는 서울의 단상은 어떠한지 궁금합니다. 서울이라는 도시와 대한민국이라는 나라는 다른 의미일지도 모르겠습니다. 서울은 이미 글로벌의 일부로, 한국을 대표하는 성향과는 다른 다양성을 가지고 있기 때문이 아닐까 싶은데요. 그만큼 끊임없는 변화에 대한 도전과 적응을 요구하는 정글 같은 도시가 바로 서울인 것 같습니다.

현재 서울에서 개인적으로 가장 좋아하는 지역과 그 이유가 궁금합니다. 현재 가장 재미있는 지역은 아무래도 성수동이죠. 모든 거리가 잡지화 되었다고 할까요? 팝업 스토어의 성지가 되면서 서울이라는 도시의 변화무쌍함을 가장 극적으로 담아내고 있는 것 같습니다. 골목골목 예측 불가능한 즐거움을 만날 수 있지만 너무 빠른 나머지 현기증이 날 것 같은 기분이 들 때도 있어요.

현재 서울에서 가장 주목하고 있는 지역이 있다면 어디인가요? 혹은 앞으로 주목받으리라 예상되는 지역이 있다면요? 여전히 성수가 가장 유력하기는 합니다. 끊임없는 이슈와 인구가 유입되는 상권은 흔하지 않으니까요. 한편 신당이나 을지로도 매력이 있는 것 같아요.

새로운 시도와 흐름이 생겨나는 데에는 결국 저렴한 임대료를 기반으로 여러 문화적 토양과 대중의 시선이 자라나야 한다고 생각하는데, 앞선 두 곳은 그런 조건을 충족하고 있는 것 같습니다. 물론 부동산 투기로 예상보다는 임대료가 빠르게 상승해서 상황을 조금 더 지켜봐야겠지만요.

당신이 속한 분야의 현재 흐름이나 경향은 어떻다고 생각하나요? 현재 서울은 라이프스타일 측면에서 세계를 선도하는 위치에 올라섰다고 생각합니다. 팬데믹으로 인해 해외여행으로 충족되지 못한 욕구들이 국내에 닿았고, 먼저 준비된 콘텐츠와 플레이어들이 빠르게 성장을 한 거죠. 작은 골목에도 이렇게 멋진 매장이 있나 싶은 곳들이 넘치고 있어요. 그동안 도쿄의 라이프스타일 비즈니스를 부러워하며 여행을 다녔지만, 앞으로는 서울도 도쿄만큼 깊이 있는 공간들이 많아질 것이라고 생각합니다. 사람들의 취향이 자랐고, 이미 깨어난 감각은 떨어지지 않을 테니까요. 얼마 전까지만 해도 공간을 만드는 것은 인테리어 등 하드웨어 중심이라고 생각하는 사람들이 대부분이었는데, 이제는 콘텐츠로 대표되는 소프트웨어가 더 중요하다는 것을 깨닫기 시작했다는 것이 가장 큰 변화이지 않을까 싶어요.

인사이트를 얻기에 서울은 적합한 도시인가요? 어떤 부분이 그런지 말씀해 주세요. 서울은 새로운 서비스나 문화에 대한 수용성이 높아요. 소비자의 수준 또한 높은 지역이라 새로운 가능성을 내다보며 테스트하기에는 이만한 도시가 없습니다. 좌충우돌 예측 불가능의 도시예요.

'좋은 공간'의 기준이 있다면 무엇인가요? 결국 우리가 가고 싶은, 혹은 친구를 데려가고 싶은 곳이 좋은 공간이라고 생각합니다.

가고 싶은 이유, 즉 콘셉트가 명확하고 그에 걸맞은 품질도 보장되어야겠죠. 하지만 지속적인 재방문을 이끌어내는 것은 그 매장을 구성하는 정체성과 철학 또는 점주의 업에 대한 자세(열정과 자부심)가 아닐까 싶습니다.

현재 눈여겨보고 있는 서울 기반의 브랜드 혹은 공간이 있다면 소개해 주세요. 도하서림. 예약제 책방이자 놀이터 같은 공간으로 주인의 취향으로 가득 찬 공간을 빌려 잠시나마 서재의 주인처럼 머물 수 있는 공간입니다. 다른 누군가의 좋은 취향 한 가운데에 들어간다는 것은 늘 즐겁고 설레는 일이 아닐까요?

몸 담고 있는 분야의 비즈니스를 위해 해외에서 서울을 방문한 사람이 있습니다. 그에게 하루 동안의 서울 여행 코스를 제안한다면? 서촌에서 고즈넉한 서울 풍경을 감상하고 '온지음'과 같은 공간에서 한식을 맛보게 해주고 싶어요. 이후에는 성수동으로 이동해서 다양한 서울의 공간과 카페 스팟을 소개하고 싶습니다.

당신에게 가장 많은 영감을 준 서울의 공간을 소개해 주세요. 스토리지북앤필름, 마하 한남, 헬카페, 온지음, 포인트오브뷰, 흑심, 모수, 어니언 안국, 이태리재, 답십리 고미술상가, 스탠딩바 전기

크고 작은 공간이 생성과 소멸을 반복하는 서울에서 트렌드와 상관없이 자주 방문하는 단골 상점이 있다면 소개해 주세요. 그 이유가 궁금합니다. 스토리지북앤필름. 독립출판물이란 개인의 직관과 감성이 가장 잘 표출되는 채널이 아닐까 싶은데요. 스토리지북앤필름과 같은 독립서점을 통해 다양한 개인의 이야기와 취향을 엿볼 수 있고, 그러한 공간 자체로도 서브 컬처의 역할을 해주고 있는 것 같아 자주 방문하게 됩니다. 서울이라는 도시와 이 시대의 사람들을 이해할 수 있도록

도와주는 것 같아요.

서울은 당신에게 어떤 인사이트를 주는 도시인가요? 모든 것이
연결되고 해체되는 가운데, 경계가 없음을 빠르게 증명하는 도시.

도시의 발전 과정 그대로를 경험할 수 있는 곳

최재영 더퍼스트펭귄 대표 건축가

브랜드 관점으로 건축과 공간을 다루며 그래픽, 가구, 조명 등의 경계를 가리지 않는 디자인 스튜디오 더퍼스트펭귄을 이끌고 있다. 모든 프로젝트의 리딩과 건축 설계를 담당한다.
@jaeyoung.choi

당신이 생각하는 서울의 단상은 어떠한지 궁금합니다. 대학 진학을 위해 상경한 20대의 저에게 서울은 낯선 장소였습니다. 적응해야 할 대상이었죠. 30대의 서울은 전쟁터였습니다. 생존하기 위해, 그리고 성장하기 위해 매일 치열한 전투를 벌이던 도시였으니까요. 40대가 된 현재에 이르러서야 서울이 제대로 보이는 것 같습니다. 무엇보다 과거와 현재 그리고 미래가 공존하는 서울을 사랑합니다.

서울이라는 도시에 대해 기억에 남는 에피소드가 있다면 들려주세요. 생애 처음으로 남산 타워를 방문했을 당시, 서울 친구들이 신분증을 지참하지 않으면 타워에 올라갈 수 없다는 장난을 쳤던 적이 있어요. 북한 간첩이 타워에 올라 서울의 지형 지리를 파악하는 것을 막기 위해서라는 황당한 이유였는데요. 순진했던 스무 살의 저는 그 말을 믿고 신분증을 지참했던 것이 기억에 남습니다.

현재 서울에서 개인적으로 가장 좋아하는 지역과 그 이유가 궁금합니다. 서촌과 북촌입니다. 과거의 유산과 현재의 트렌드 그리고 미래의 가능성이 뒤섞인 특유의 동네 분위기를 만들어 내기 때문입니다. 서울의 상징과 같은 지역이 아닐까 생각합니다.

현재 서울에서 가장 주목하고 있는 지역이 있다면 어디인가요? 혹은 앞으로 주목받으리라 예상되는 지역이 있다면요? 남산 일대가 떠오릅니다. 해당 지역은 서울뿐만 아니라 전 세계의 어느 대도시에서도 보기 드문 도심 한복판의 거대 자연이기 때문이죠. 앞으로 도심의 산업, 건축, 문화 맥락과 맞닿아 독특하고 매력적인 지역으로 더욱 주목받고 개발되지 않을까 싶습니다.

당신이 속한 분야의 현재 흐름이나 경향은 어떻다고 생각하나요? 건축, 공간 분야는 말 그대로 격동기입니다. 결국 도시 변화의 본질은 사회 저변에 널리 퍼진 건축, 공간 문화의 성장과 성숙에 달려 있다고 보는데요. 그런 면에서 서울의 건축과 공간을 소비하는 사람들의 눈이 높아지고 있으며, 그에 발맞춰 다양한 플레이어들 역시 무섭게 성장하고 있다고 생각합니다.

'좋은 공간'의 기준이 있다면 무엇인가요? 품질, 정체성, 태도와 서비스가 중요하다고 생각해요. 한 가지를 더 추가하자면, 일관성을 꼽고 싶습니다. 때와 장소 그리고 세월을 넘어선 한결같은 태도가 좋은 공간 혹은 상점으로 기억되도록 만드는 데 필수적인 요소라고 생각합니다.

현재 눈여겨보고 있는 서울 기반의 브랜드 혹은 공간이 있다면 소개해 주세요. 서울에 기반을 둔 크래프트 맥주 브랜드인 '서울브루어리 성수'를 눈여겨보고 있어요. 서울이라는 도시와 지역의 이야기를 브랜드 정체성으로 삼고 있는데, 세계적으로도 선례가 거의 없는 수직형 도시 양조장을 설립하며 서울에 대한 그들의 태도를 실증적으로 증명해 내고 있습니다.

몸 담고 있는 분야의 비즈니스를 위해 해외에서 서울을 방문한 사람이 있습니다. 그에게 하루 동안의 서울 여행 코스를 제안한다면? 먼저 이른 아침 북촌에서 만나 커피 한 잔을 나누고 동네를 함께 산책하겠습니다. 그리고 근처의 종묘를 찾아 한국 건축의 미학을 소개하고 싶어요. 점심에는 남산으로 자리를 옮겨 근처 레스토랑에서 비빔밥을 먹고, 서울 변화의 상징인 성수동에서 다양한 상점과 카페를 경험하면 좋을 것 같습니다. 마지막으로 서울브루어리 성수에서 크래프트 맥주와 함께 다이닝 코스를 즐기며 하루의 여행을 마무리하면 어떨까 싶네요.

당신에게 가장 많은 영감을 준 서울의 공간을 소개해 주세요. 국립현대미술관, 국립중앙박물관, 창덕궁, 종묘, 서촌, 북촌, 삼청동, 연희동, 후암동, 필동

크고 작은 공간이 생성과 소멸을 반복하는 서울에서 트렌드와 상관없이 자주 방문하는 단골 상점이 있다면 소개해 주세요. 그 이유가 궁금합니다. 연희동은 저의 거주지와 가까운, 문화적 토대가 가장 풍성한 동네입니다. 연희동의 다양한 가게 중에서도 '사러가 마트'는 주 1회 이상은 방문하는 것 같은데요. 지역에 기반한 오랜 역사를 지니고 있기에 좋아하는 공간입니다.

만약 서울에 공간을 만든다면 어떤 공간을 만들고 싶나요? 특별하고 참신한 비일상적 공간보다는 서울에서 살아가는 사람들의 일상에 깊숙이 관여할 수 있는 동네 카페, 펍, 바와 같은 작은 공간을 만들고 싶습니다.

서울은 당신에게 어떤 인사이트를 주는 도시인가요?

건축가이자 공간 디자이너로서 도시의 성장과 발전 과정 혹은 단면을 날 것 그대로 보여준다는 점에서 인사이트를 얻고 있습니다.

서울의 고유함을 찾아서

하예진 누데이크 크리에이티브 디렉터
디저트로 판타지를 구현하는 브랜드 누데이크의 크리에이티브 디렉터로, 공간과 오브제, 브랜딩, 디지털 콘텐츠 등 누데이크의 모든 크리에이티브를 총괄하고 있다. @sodazine

당신이 생각하는 서울의 단상은 어떠한지 궁금합니다.
서울은 전 세계에서 가장 바쁜 도시입니다. 또한 세련된 감각의 기준이 상향평준화 되어 있는 곳이기도 하죠. 그만큼 트렌드를 빠르게 흡수하고 자기화하는 유일한, 그리고 민첩한 도시라고 생각해요. 다만 과거와 함께 할 수 있는 모색에 집중할 수 있으면 더 좋겠어요. 너무나 멋지고 아름다운 과거와 기록들이 사라지고 의미 없는 곳들로 대체되는 것이 아쉽습니다.

서울이라는 도시에 대해 기억에 남는 에피소드가 있다면 들려주세요. 지명에 관한 에피소드 하나가 떠오릅니다. 택시를 타고 강남구 신사동으로 갔어야 했는데, 은평구 신사동에 내려서 갸우뚱했던 적이 있죠.

현재 서울에서 개인적으로 가장 좋아하는 지역과 그 이유가 궁금합니다. 부암동과 소공동. 부암동에 위치한 환기미술관을 사랑해요. 그곳을 자주 오가며 자연스레 부암동의 고즈넉하고 낙낙한 풍광을 좋아하게 되었습니다. 시청역 주변으로 걷는 소공동은 부암동과는 다른 의미로 아름다워요. 빼곡히 들어선 건물들은 아름답게 나이 들어, 현재의 건축에서 느낄 수 없는 디자인과 소재로 늘 새로운 영감을 줍니다.

현재 서울에서 가장 주목하고 있는 지역이 있다면 어디인가요? 혹은 앞으로 주목받으리라 예상되는 지역이 있다면요? 성동구와 은평구. 성동구는 성수역을 중심으로 명품 브랜드 리테일 숍의 메카로 떠올랐는데요. 물론 지금도 충분히 뜨겁지만, 앞으로도 계속해서 상권이 확장되리라 봅니다. 오래된 건물에 생명력을 불어넣어, 자연스러우면서 의외인 느낌을 주는 콘텐츠를 기대하고 있어요. 한편 은평구는 서울 안에서 작은 동네 같은 따뜻한 풍경을 잘 간직하고 있는 곳인데요. 불광천을 따라 산책로가 잘 조성되어 있는 데다 마포구의 터무니없는 집값에 질려 이동한 젊은 세대들이 재미있는 작업실 혹은 상점을 뚝딱거리며 만들어가고 있다는 점에서 주목할 만합니다.

당신이 속한 분야의 현재 흐름이나 경향은 어떻다고 생각하나요? 크리에이티브 디렉터로서 이야기하자면, 잘하는 사람이 더욱 인정받을 수 있는 시대와 흐름이라고 생각해요. 그만큼 치열하고 어려워진 것도 사실이지만 예전에는 부정적인 느낌으로 받아들여지던 '덕후'들이 인정받는 시대가 온 것 같습니다. 자신만의 것을 가진 덕후의 시대, 새로운 오리지널리티가 승리하는 시대가 온 것이죠.

인사이트를 얻기에 서울은 적합한 도시인가요? 어떤 부분이 그런지 말씀해 주세요. 근래에 적합해졌다고 생각해요. '아시아 시장에서의 첫 이벤트는 서울에서부터'라고 느껴질 정도로 세계적인 명품 브랜드들이 앞다퉈 서울에서 다양한 이벤트와 팝업을 벌이고 있죠. 이전에는 경험할 수 없던 굵직한 콘텐츠들을 다양한 분야에서 경험하고 접할 수 있는 좋은 기회가 많아졌다고 봅니다.

'좋은 공간'의 기준이 있다면 무엇인가요? 대체될 수 있는 무수히 많은 것들과 자기 자신을 구분 짓는 고유한 정체성을 가지는 것만큼 중요한 것은 없다고 생각해요. 정체성이 확고한 공간은 인위적으로 '척'하는 느낌이 들지 않죠. 공간의 분위기 등 모든 것이 자연스러워 '진짜'처럼 느껴지는 곳이 좋은 공간이 아닐까 싶어요.

현재 눈여겨보고 있는 서울 기반의 브랜드 혹은 공간이 있다면 소개해 주세요. 쿠시코크, 포스트아카이브팩션, 강혁 등 독보적인 개성을 지닌 패션 브랜드를 소개하고 싶어요.

당신에게 가장 많은 영감을 준 서울의 공간을 소개해 주세요. 환기미술관, 서울공예박물관, 국립중앙박물관, 소공동거리, 아세티크, EP COFFEE N BAR, 우래옥, 이태원 트랜스

크고 작은 공간이 생성과 소멸을 반복하는 서울에서 트렌드와 상관없이 자주 방문하는 단골 상점이 있다면 소개해 주세요. 그 이유가 궁금합니다. 연남동 골목 끝자락에 위치한 'EP COFFEE N BAR'는 늘 적당하고 한결같은 곳이에요. 적당히 작은 세련된 공간에 적당한 조명과 분위기, 무심한 듯 친절하게 맛있는 술을 내어 주시는 멋쟁이 사장님이 언제나 저를 반겨주죠. 손님이 많든 적든, 항상 같은 시간에 부지런히 나와 직접 만든 앞치마를 두르고 정성스레 컵을 닦으며 인사하는 그를 볼 때면, 업에 관한 열정과 자부심이 느껴지며 자극을 받기도 해요. 늦은 시간, 좋은 음악과 맛있는 술을 즐기고 싶을 때 가장 추천하고 싶은 공간입니다.

서울은 당신에게 어떤 인사이트를 주는 도시인가요? 패션, 음악, 예술, F&B 등 다양한 카테고리의 트렌드와 확장성을 끊임없이 보여주는 도시. 그 속에 지속될 수 있는 고유의 클래식함이 필요하다는 것을 느끼게 해주는 도시입니다.

각자의 우주가 조화를
이루는 서울

하태희 브랜딩 디렉터, (전)29CM 마케터

온라인 편집숍 29CM의 브랜딩 총괄을 담당
했다. 현재는 'Table of Craft'라는 이름의 공
예 라이프스타일 편집매장을 준비하고 있다.
@seouldiscoboys

당신이 생각하는 서울의 단상은 어떠한지 궁금합니다.
2007년에 상경하여 살기 시작했으니 어느덧 서울살이 18년 차네요.
낡은 것과 새로운 것이 공존하는 곳, 빠르게 변하는 듯하지만 천천히
흐르기도 하는 곳. 서울은 저에게 이러한 느낌인 것 같습니다.

서울이라는 도시에 대해 기억에 남는 에피소드가 있다면
들려주세요. 팬데믹 기간에 캠핑이나 백패킹에 본격적인 관심을 갖게
되면서 시간 될 때마다 지방 곳곳을 다녔어요. 멀리 가기엔 적당한
시간이 안 나던 작년 여름밤, 친구와 함께 집 근처 대모산에서 1박 2일
백패킹을 하게 되었는데, 산 정상에서 내려다본 서울의 풍경이 기억에
많이 남아요. 서울이 참 예쁜 도시라는 걸 느꼈죠.

현재 서울에서 개인적으로 가장 좋아하는 지역과 그 이유가
궁금합니다. 개포동과 양재천 일대. 2020년부터 살고 있는 동네이기도
하고, 심심한 듯 삼삼한 매력이 있는 지역이라고 생각해요. 항상 새로운
무언가를 창조해야 하는 저에게는 다채로운 자연의 변화가 많은 영감과
쉼을 주기도 하고요. 무엇보다 양재천을 따라 걷다 보면 마주치는

다양한 카페, 바, 레스토랑, 갤러리 등을 구경하는 재미가 커요.

현재 서울에서 가장 주목하고 있는 지역이 있다면 어디인가요? 혹은 앞으로 주목받으리라 예상되는 지역이 있다면요? 성수 열풍이 일어난 지 한참 되었지만, 그럼에도 여전히 성수인 것 같아요. 다니던 회사가 성수로 이사 오면서 그 변화를 더욱더 체감하고 있죠. 서울숲과 뚝섬, 연무장길, 송정길을 거쳐 건대에 이르기까지 매일 차고 넘치는 전시와 팝업, 새로운 미식 경험을 접할 수 있는 레스토랑과 바 등등, 성수 지역 전체가 젊은 창작자들의 자유로운 실험이 가능한, 다양한 가능성이 열려 있는 곳이라고 생각해요.

당신이 속한 분야의 현재 흐름이나 경향은 어떻다고 생각하나요? 개인의 취향이 점차 더 세분됨에 따라, 사소한 취향도 존중받게 되는 것 같아요. 온라인에서든 오프라인에서든 무수히 많은 개인의 감각과 취향이 새로이 등장하고 또 그 취향을 좋아하는 사람들이 모여 하나의 우주를 만들고 있죠. 그러면서 '대중'이라는 의미가 점점 사라지는 것 같기도 합니다.

인사이트를 얻기에 서울은 적합한 도시인가요? 어떤 부분이 그런지 말씀해 주세요. 일단 서울에 사람이 많아요. 공간도 많고요. 저는 사람들이 가진 '스토리'에서 많은 영감과 인사이트를 얻는데요. 한 사람을 만나는 것은 마치 한 권의 책을 읽는 것과 같아요. 그만큼 저마다 가진 이야기나 관심사가 다르기 때문에 여러 개성이 공존하는 곳인 서울은 저에게 너무나 재미있는 곳이죠.

현재 눈여겨보고 있는 서울 기반의 브랜드 혹은 공간이 있다면 소개해 주세요. CIR (Contemporary Interdisciplinary Research). 을지로에 위치한 세라믹 스튜디오예요. 최근에 제가 도자기 작업을 하고 있는 곳이기도 하고요. 이곳을 꼽은 이유는 이곳이 유행처럼 반짝하고 사라질 그저 그런 스튜디오가 아니기 때문이에요. 공간을 가득 채운 도자기와 관련된 서적들, 100년이 훌쩍 넘은 오래된 다완들, 국내 여러 지역의 흙과 유약들이 모여 예술적인 영감이 가득한 곳입니다.

몸 담고 있는 분야의 비즈니스를 위해 해외에서 서울을 방문한 사람이 있습니다. 그에게 하루 동안의 서울 여행 코스를 제안한다면? 서촌에서 시작해서 을지로, 종로, 약수까지 관광객 모드와 인사이트 트립 모드를 균형감 있게 섞을 것 같아요. 그 가운데 여러 로컬샵과 갤러리, 성곽길과 한옥 마을 등의 서울 명소도 포함하면 좋을 것 같네요.

당신에게 가장 많은 영감을 준 서울의 공간을 소개해 주세요. 일민미술관, 현대카드 디자인 라이브러리, 국립현대미술관, 국립중앙박물관, 신도시, 서울공예박물관, 보안여관, 포스트 포에틱스, 팩토리2, 사직동그가게

크고 작은 공간이 생성과 소멸을 반복하는 서울에서 트렌드와 상관없이 자주 방문하는 단골 상점이 있다면 소개해 주세요. 그 이유가 궁금합니다. 인사동에 위치한 작은 술집 스토구. 거의 15년째 단골인데, 시골 외할머니 집 구들방에 간 듯한 정감 있는 분위기가 특징이에요. 메뉴판에 없는 음식도 뚝딱 만들어주는 사장님, 장르를 알 수 없는 음악 선곡 등이 어우러져 그곳만의 묘한 감성을 만들어 내죠. 오랜 세월 한결같은 정체성을 유지하며 단골들에게 사랑받는 곳이라 계속 찾게 되는 것 같아요.

만약 서울에 공간을 만든다면 어떤 공간을 만들고 싶나요?
도자기와 책, 술, LP로 가득 채워진 크래프트 스튜디오! 미래에는
도예인의 삶을 꿈꾸는 만큼, 공예를 주축으로 바쁜 도시인들의
예술성을 키울 수 있는 공간을 만들어 보고 싶어요. 친구들과 재미난
전시도 기획해 보고 싶고요.

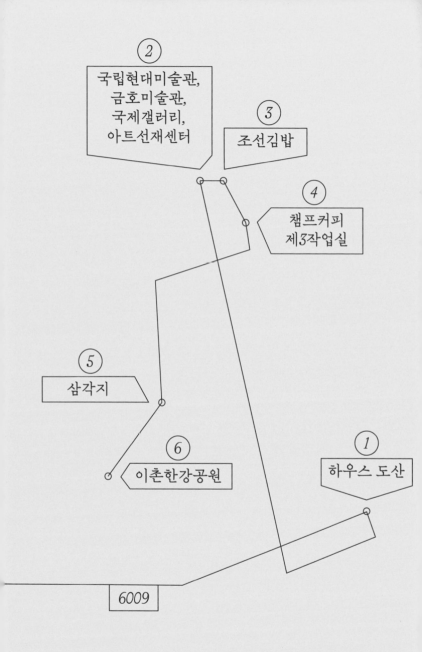

② 국립현대미술관,
금호미술관,
국제갤러리,
아트선재센터

③ 조선김밥

④ 챔프커피
제3작업실

⑤ 삼각지

⑥ 이촌한강공원

① 하우스 도산

6009

126

현 서울의 *A to Z*, 속성으로 경험하기

인천 공항에서 시작되는 코스, 서울은 버스와 지하철 노선이
잘 되어있기에 공항에서 서울 도심까지 한 시간 안에 들어올 수 있다.
입국 게이트에서 나와 6009번 공항버스를 타고 신사동에 내린다.
하우스 도산에 가서 한국의 *K*-퓨쳐리테일을 경험한다. 그러고 나서
택시를 타고 삼청동 쪽으로 자리를 옮긴다. 지하철이 아닌 택시를
선택한 이유는 유한한 시간과 에너지를 아끼기 위함도 있지만,
광화문의 큰 거리를 지나 경복궁 동쪽 사이드로 이어지는 파노라마
풍경을 위해서다. 그즈음 내리면 여러 미술관과 갤러리
(국립현대미술관, 금호미술관, 국제갤러리, 아트선재센터)가 도보로
이동 가능한 거리에 모여 있기에, 한국 아티스트의 특별전을 감상하기
좋다. 점심으로는 조선김밥에서 나물 김밥과 콩비지를 든든히 챙겨
먹고, 식후 커피는 세운상가 챔프커피 제3작업실에서 마시기로 한다.
이곳은 적당한 인더스트리얼함과 깔끔함을 갖춘 밸런스가 좋은 곳!
마지막으로는 다시 택시를 타고 용산 삼각지 쪽으로 넘어가 가볍게
와인에 안주를 곁들이고, 이촌한강공원에서 저녁 산책을 앞세워
야식으로 라면을 먹으며 하루를 마무리한다.

Plan by. 심석용,
파카이파카이 브랜드 디자이너

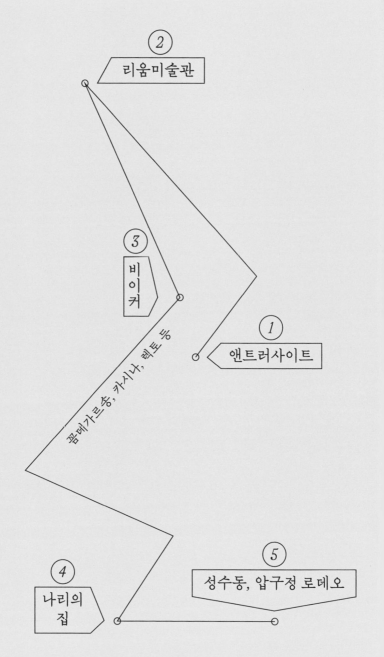

서울의 힙스터들이 모이는 곳

실제로 해외에서 파트너들이 방문하면 늘 제안하는 나만의 코스가 있다. 약속이 없는 여유로운 주말을 보내는 방법이기도 하다. 볕이 잘 드는 앤트러사이트 한남의 야외석에 앉아 모닝커피를 마신 후, 리움미술관에서 전시를 보며 영감을 받는다! (건물과 대표적인 조형물 자체도 아주 좋은 포토 스팟이 된다.) 전시를 다 본 후에 한남동 길을 따라 쭉 자리 잡은 멋진 매장들 (비이커, 꼼데가르송, 카시나, 렉토, 더오픈프로덕트, 아더에러 등)에 들러 서울의 최신 패션 트렌드를 살펴볼 수 있다. 끝으로 나리의 집에서 냉동 삼겹살과 청국장에 소맥 한잔을 하면 완벽한 하루의 마무리.

+ 한 동네에서 하루를 보내는 것이 아쉽다면, 오후에는 성수동이나 압구정 로데오로 넘어가는 코스도 있다. 패션업에 종사하는 사람들에게 여행은 곧 즐거운 시장조사를 의미하니까, 각 지역의 무드에 맞춘 다양한 플래그십 스토어를 둘러보는 것보다 더 알차고 즐거운 코스는 없을 것이다.

Plan by. 김지은,
비이커 바이어

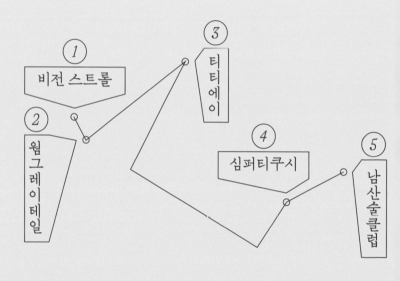

1 비전 스트롤

2 웜그레이테일

3 티티에이

4 심퍼티쿠시

5 남산술클럽

애정하는 서울의 서쪽 플레이스

보통은 서울의 중심인 종로구나 강남구를 소개하는 경우가 많다. 나는 좀 더 지역색이 드러나는 공간을 추천해 보고자 한다. 먼저 합정 근처에서 만나 한강의 풍경과 이를 즐기는 서울 사람들의 모습을 구경한다. 가볍게 커피 한 잔을 위해 도착한 망원동 비전 스트롤, 이곳은 홍대와 망원의 로컬 바이브가 듬뿍 담겨있어 이런저런 이야기를 나누기 좋다. 또 망원 하면 아기자기한 편집숍을 빼놓을 수 없다. 그중에서도 여기는 들렸으면 하는 곳은 서울 기반으로 한 일러스트레이션 브랜드의 제품들을 살펴볼 수 있는 웜그레이테일. 버스를 한 번 갈아타 도착한 연희동에서는 국내외 아티스트의 아름다운 공예품을 감상할 수 있는 티티에이. 구매 욕구가 치솟는 이곳은 방문한 사람을 위해 부담스럽지 않은 선에서 마음을 전하기도 좋다. 어느 정도 구경을 하고 나면 제법 출출해진다. 브레이크 시간대가 지난 5시 정도에 방문한 삼각지 심퍼티쿠시, 아시안 터치가 더해진 유러피안 음식과 함께 와인을 곁들인다. 식사 후에는 녹사평 남산술클럽에 들러 한국의 전통주 테이스팅을 경험한다. 최근 들어 젊은 층에게도 주목받는 전통주를 한 잔씩 맛보며 서로의 입맛을 공유한다.

Plan by. 전채리,
CFC 아트 디렉터

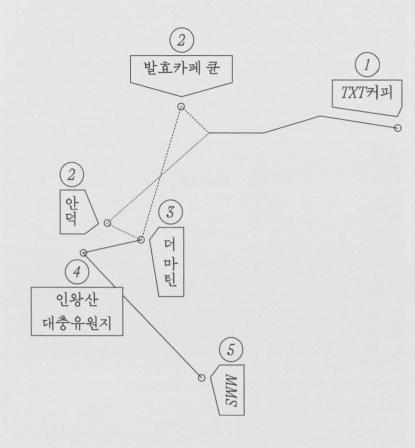

한국에서만 경험할 수 있는 미식

한국의 맛을 경험하기 좋은 곳은 단연 북촌과 서촌이다. 미각이 예민하게 반응하는 오전, 북촌 *TXT*커피에서 정성스레 내려주시는 커피를 한 잔 마시며 여유롭게 시간을 보낸다. 경복궁을 지나, 서촌으로 향하며 상대의 취향을 물을 것이다. 담백하고 건강한 한 끼를 좋아한다면, 아름다운 채소 요리를 선보이는 발효카페 큔으로, 든든하고 따뜻한 국물이 있는 식사를 원한다면 만둣국과 비지가 맛있는 안덕을 소개할 것이다. 근처에서 크고 작은 숍들을 구경하며 한옥 마당에서 즐기는 젤라또를 위해 더 마틴으로 걸음을 옮긴다. 한옥 마당에 앉아, 하몽 젤라또 크로와상을 주문한다. 까망베르 & 바닐라 아이스크림 위에 향긋한 올리브 오일과 후추를 뿌리고 직접 구운 하몽을 올려주시는데, 이 맛이 주기적으로 생각나 n차례 방문 중이다. 해가 뉘엿뉘엿 넘어갈 때쯤, 인왕산 대충유원지에서 산 능선을 바라보며 와인이나 위스키를 기울인다. 만일, 조금 아쉬움이 남는다면! 경복궁역 바로 앞에 있는 *MMS*에 들려 스토리가 더해진 칵테일을 마시며, 오늘 하루에 대한 이야기를 나눌 것이다.

Plan by. 조혜빈,
엠티엘컴퍼니 브랜드 기획자

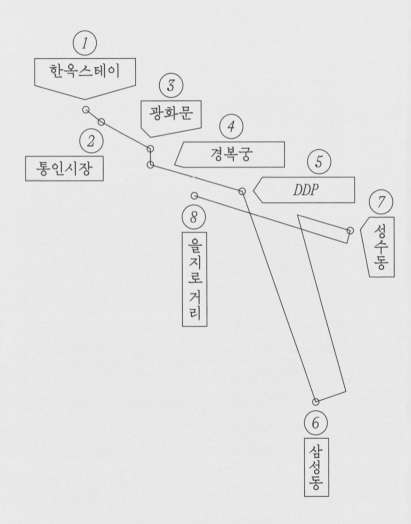

서울의 과거-현재-미래를 보다

서울은 지역에 따라, 또 시간대에 따라 저마다 다른 얼굴을 하고 있다. 그렇기에 하루의 시간이 아주 길진 않겠지만 다각도에서 보여주고 싶다. 시작은 종로구에 자리한 한옥스테이. 겉으로 보이는 서울의 모습에서 한 층 더 들어와, 실제로 이곳에 거주하는 사람들의 일상 모습을 보여주고 싶다. 북촌 한옥 마을이 유지되는 것은 사실 예부터 자리를 지켜오던 거주민들이 있기에 가능했다. 한국의 정취와 사람의 온기가 묻어있기에 관광객에게도 이 점이 매력적으로 보이는 것이다. 그리고 바삐 살아 움직이는 서울을 경험하기 위해 아침 일찍 준비하여 새벽 통인시장을 둘러보고, 출근 시간의 광화문으로 향한다. 랜드마크인 경복궁과 동대문 *DDP*를 보고 이동하여 모든 자본이 모여드는 강남, 삼성 쪽에서 점심을 해결한다. 오후에는 현재 가장 빠르게 무언가 생겨나고 사라지기도 하는 성수동으로 간다. 여러 브랜드 팝업을 구경하고 난 늦은 오후, 다시 숙소 근처의 종로로 돌아와, 정겨운 밤의 을지로 거리를 걸어본다.

Plan by. 최소현,
네이버 디자인 & 마케팅 부문장

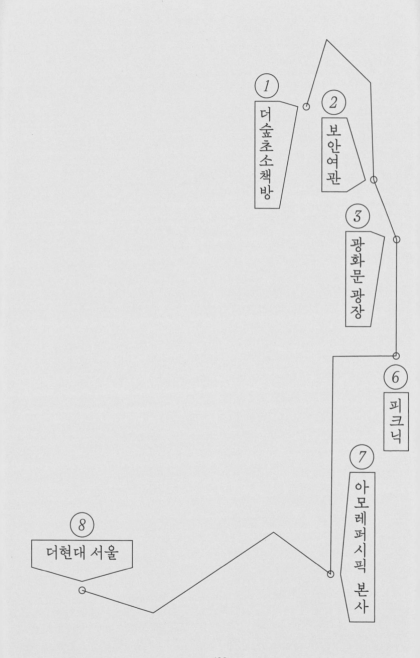

다시 오고 싶도록 만드는 서울

유명한 포인트를 짚는 관광보다는 '서울에 이런 곳들이 있어, 점점 더 궁금해지지?'라는 느낌이 들게 하고 싶다. 그렇게 다시 찾게 된다면 그야말로 점점 '서울'에 스며드는 것 아닐까. 서울의 가장 큰 장점은 크지 않은 도시임에도 산과 능선이 많다는 것이다. 무리 되지 않는 선에서 자연을 경험할 수 있는 인왕산 자락에 자리한 더숲 초소책방에서 발아래 서울을 경험한다. 계절에 따라 숲의 분위기가 달라지기에 여름에 왔다면, 다음을 기약할 수 있도록 가을에는 단풍이 들어 새로운 장관이 펼쳐진다는 이야기를 더할 것이다. 내려와서는 보안 *1942*에 들려 전시와 책방을 둘러보고, 다양한 목소리가 공존하는 광화문 광장을 지난다. 서울역 근처로 자리를 옮겨, 피크닉에서 커피를 마시며 전시를 구경한다. 마지막으로는 데이비드 치퍼필드가 설계한 용산 아모레퍼시픽 본사에서 앞으로 서울의 중심이 될 지역과 그곳에서 살아가는 사람들의 라이프스타일을 보여준다. 만일, 시간적 여유가 된다면 9호선을 타고 국내 소비시장의 중요한 지위를 차지하고 있는 더현대 서울에 가서 비즈니스에 도움이 되는 이야기를 나눌 것이다.

Plan by. 김예람,
블림프 콘텐츠 디렉터

Food & Beverage

1 서울브루어리 성수

수지오로 관광하는 크레프트 맥주 건물, 서울브루어리 성수

서울에서 현재 가장 뜨겁게 태동하는 곳을 고르자면 단연 '성수'일 것이다. 2호선을 타고 성수동을 방문한 사람들이라면 공감하겠지만, 사옥을 제외하곤 이 근방에서 건물 전체가 하나의 목적성을 갖는다는 건 현실적으로 쉽지 않다. 바로 이곳에 지하부터 지상 4층까지 오롯이 하나의 콘텐츠에 초점을 맞춘 곳이 있다. '서울브루어리 성수'는 직접 양조하여 크래프트 맥주를 선보이는 공간이다. 현재까지 80여 종의 맥주를 생산한 만큼 입맛에 따라 고를 수 있는 메뉴의 폭도 넓다. 펍의 기능에 충실하되, 맨 위층의 공간에서 공연과 전시 등의 문화 예술을 담아내고 있다.

"일상적 경험부터 특별한 경험까지, 크래프트 비어의 세계화를 준비하는 곳."

Recommended by. 이연수, 분더샵 바이어 / 차승희, (전)특급호텔 F&B 기획 총괄 / 최재영, 더퍼스트펭귄 대표 건축가

서울브루어리 성수 @seoulbrewery

서울 성동구 연무장길 28-12

SEOUL BREWERY

2

mtl 효창

좋은 브랜드는 많을수록 좋다는 브랜드 철학을 지닌 'mtl'. 이곳의 첫인상은 적당히 밸런스가 좋은 커피였다. 그도 그럴 것이 보난자커피 공식 유통처로, 모든 커피 메뉴에 보난자커피 원두를 사용하고 있다. 이와 더불어, 커피와 함께 가볍게 브런치를 즐길 수 있는 바질 햄치즈 샌드위치와 감자 치즈 수프를 추천한다. 주문한 메뉴를 기다리는 동안, 다양한 메시지를 담은 브랜드의 선별된 제품들을 둘러볼 수 있다. 한 공간에 카페와 편집숍이 균형 있게 어우러져, 이곳에서의 모든 경험이 하나의 브랜드로 다가온다. 특히 mtl 효창점은 지역 주민들의 삶에 깊이 자리해 있는 공간이라, 특유의 편한 분위기를 느끼기 위해 시간을 따로 내어 방문하는 이들이 많다.

"언제 가 더 라도 평온하게 시간을 보낼 수 있다."

Recommended by. 김예람, 블림프 콘텐츠 디렉터 / 김지은, 비이커 바이어 / 서동한, 스튜디오 프레그먼트 대표

3   산수화 티 하우스

차의 사람, 공간이 조화로운 곳, 산수화 티 하우스

차가 지닌 것을 조화롭게 우려내어 한 잔의 차로 내어주는 곳, '산수화 티 하우스'. 이곳의 첫인상은 '편안함'이다. 늘 있었던 곳이고 앞으로도 같은 자리에 남아줄 것 같은 곳이랄까. 그 어떤 강요나 부담 없이 차 자체를 즐길 수 있는 공간으로, 한국·중국·대만의 다양한 차를 만나볼 수 있다. 이와 더불어, 2~3층에는 국내외 작가의 다구와 화기를 소개하는 전시 공간과 차를 더 가까이 만날 수 있는 티 클래스 공간이 마련되어 있다. 한 공간에서 '차'를 중심으로 다채로운 경험을 마음 편히 누릴 수 있어 쉼이 필요할 때 찾게 된다.

"나에게 온전히 집중하고 싶을 때 찾는 곳, 누군가와 함께 방문한다면 서로의 한 문장 한 문장에 집중할 수 있다."

Recommended by. 박기민, MMK 대표 / 유보라, 보마켓 대표

산수화 티 하우스 @sansuhwatea   144   서울 용산구 한남대로 20길 21-14

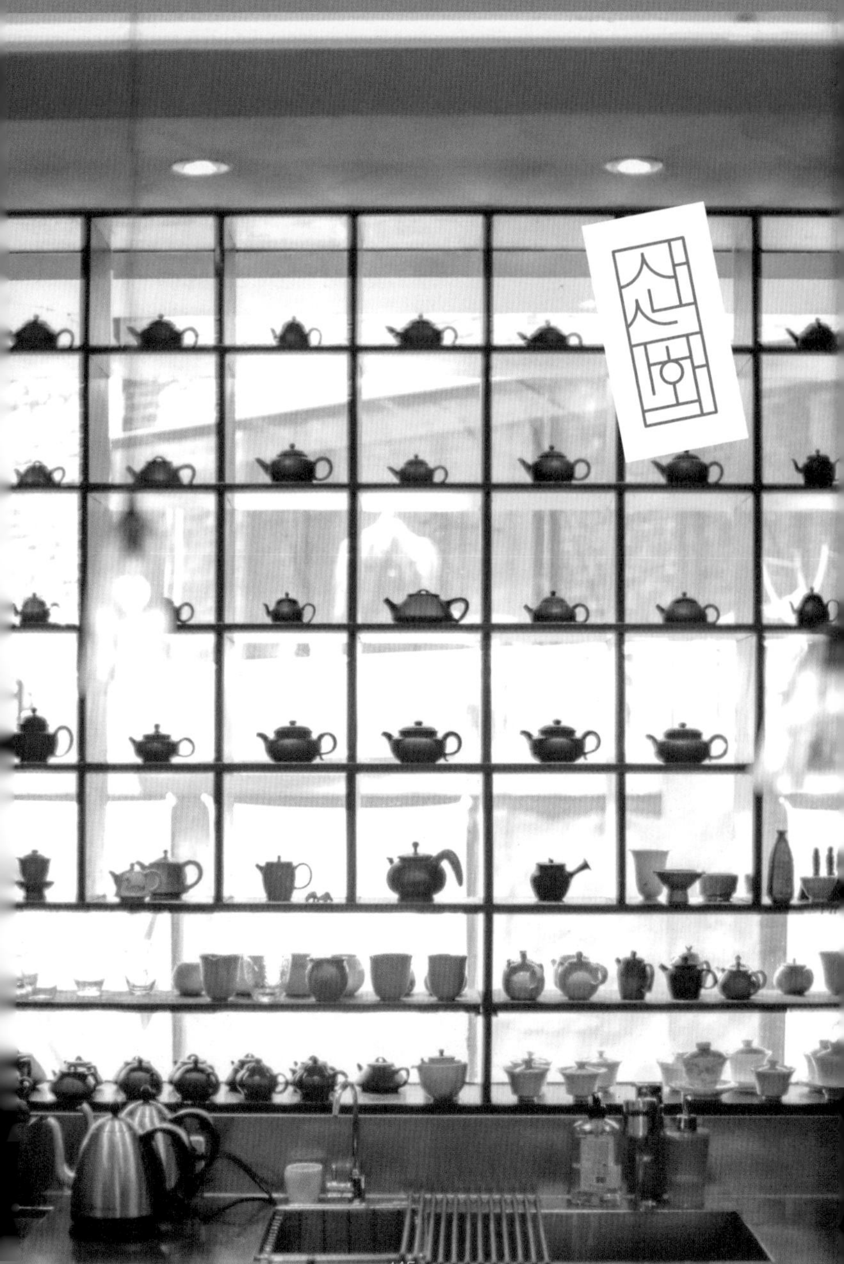

4 　　　　　 큔

많이 기록하는 맛을 남기는 글

동물성 재료와 화학조미료 없이 식물성 재료만으로 맛을 만드는 '큔'. 음식의 재료에는 제철이 존재한다. 이곳에서 계절에 맞게 제철 음식을 접한 후, 제철 재료에 매료된 이들이 많다. 건강하게 한 끼를 하고 싶은데, 제철 채소를 하나하나 챙길 여력이 없을 때 떠오르는 곳이다. 두유를 발효한 식물성 요거트로 만든 비건 버터 베이스의 '비건 발효 버터 커리'가 대표적인데, 7가지 이상의 제철 채소가 올라가 보기에도 예쁘고 맛도 좋다. 매주 수요일에는 노지 농사를 짓는 농부분들을 주축으로 '큔의 작은 채소가게'가 열린다. 노지 채소가 나는 시기인 5월~12월 사이에 꼭 한 번은 일정을 맞추어 방문해 보는 걸 추천한다.

"아름다운 채소 요리를 선보이는 발효 카페 큔."

> Recommended by. 서동한, 스튜디오 프레그먼트 대표 / 조혜빈, 엠티엘컴퍼니 브랜드 기획자

큔 @grocery_cafe_qyun

서울 종로구 자하문로 26길 17-2, 1층

Qyun

Qyun

발효카페 Qyun

균 | 菌

Fermentation

Plant base

5   계인전 보타니카

우리나라 사람들에게 '닭'은 무엇보다 친밀한 식재료다. 너무나 익숙해서 무심하게 대했던 이들의 허를 찌르는 곳이 바로 '계인전 보타니카'. "치킨을 통한 감각 혁명"을 수행하기 위해 일종의 혁명 임시 정부 청사의 역할을 맡고 있다는 위트있는 슬로건이 눈길을 끄는 계인전은 닭 계 鷄, 사람 인 人, 펼 전 展, '닭과 사람이 있는 공간'이라는 의미를 지니고 있다. 직접 개발한 도구와 방식을 통해 절단 없이 뼈만

발골하여 정형한 닭 원육을 사용하여 메뉴를 구성한 것이 특징으로, 대표적으로 '계혁의 시(ㅋ)'라 불리는 프라이드치킨은 이곳에서 반드시 맛봐야 하는 메뉴다.

"오롯이 치킨을 감각하는 경험에 집중할 수 있는 공간. 시간이 누적된 고가구와 기존 구조물을 최대한 살린 인테리어까지 철저한 계산 아래 만들어진 것이 틀림없다."

Recommended by. 박찬빈,
맹그로브 커뮤니티 기획팀
리더

6 남산술클럽

전통주 테이스팅 바, 남산술클럽

100가지 종류의 전통주를 경험할 수 있는 '남산술클럽'. 남산 밑 경리단에서 한국 술을 만들며 즐기던 모임에서 기인한 이름이라고 한다. 이곳은 크루와 손님, 손님과 손님 간의 대화가 자연스럽게 이루어지는데, 매장에 'ㄱ'자 모양의 대형 바 하나만 설치되어 있는 것이 큰 역할을 하고 있다. 내가 바 어딘가에 자리하면 시야에 다른 사람이 걸리기도 하고, 크루가 술을 칠링하는 과정에 이목이 집중되어 궁금증이 생겨 질문을 하기도 한다. 제대로 잘 만든 한국 술의 맛과 가치를 경험하기엔 더없이 좋은 곳이다.

"서울의 전통주를 테이스팅할 수 있는 곳. 요즘 주목받고 있는 한국 전통주를 한 잔씩 경험하기 좋다."

Recommended by. 전채리,
CFC 아트 디렉터

남산술클럽 @namsansoolclub

서울 용산구 녹사평대로 228-2, 1층

Namsan
Sool Club

@namsansoolclub

7 녹기 전에

일상의 속도감을 잠시 내려두세 채 좋은 기분으로 들어서다, 녹기 전에

빙그레 투게더를 먹으며 자라왔지만, 이제는 길을 가다 빈번하게 젤라또 가게를 마주한다. 대부분 우아한 이름을 하고 있어서일까, 다소 생소한 느낌은 지울 수 없다. 여기, 친근한 젤라또 가게가 있다. 바로, '녹기 전에'. 외관은 작고 빛바랜 오두막 느낌인데, 방문할 때마다 여러 의미로 기대가 된다. 손님들이 자주 하는 오해 중에, 비어 보이는 칸의 젤라또 맛이 가장 잘나가는 맛이라고 생각한다는 것조차 유쾌하게 풀어내고 있을 만큼, 곳곳에 시선을 사로잡는 여러 장치들이 있다. 아이스크림은 커피보다 소비 속도가 빠르기에, 빈 컵을 들고 매장에 있자니 민망할 법도 한데, 이곳은 좀 더 머물고 싶어진다. 역대 가장 핫했던 메뉴는 '레몬딜 버터', '복숭아' 라고. 매번 메뉴가 바뀌니, 방문 전에 오늘은 어떤 맛이 나오는지 확인은 필수다.

"좋은 기분으로 들어서고, 나서다."

Recommended by. 아키프서울

DROPS PROHIBITED

BEFORE IT MELTS

BEFORE IT MELTS

153

8 리사르 커피

맛있는 커피를 파는 곳, 리사르 커피

이제는 주변에서 다소 생소했던 에스프레소 전문점을 어렵지 않게 만나볼 수 있지만, 딱 하나를 골라 소개한다면 '리사르 커피'. 이탈리아의 바 형식을 표방하지만, 우리나라 사람들의 정서에 맞게 조성된 공간 구성이 인상적이다. 커피를 오롯이 즐길 수 있도록 최적화되어 있는데, 마치 모든 동선이 철저히 계산된 듯하다. 그 속에 있으면 손님으로서 누릴 수 있는 편안함과 여유로움이 찾아온다. 커피에 입문한 10대부터 다방커피에 익숙한 70대까지 다양한 연령층이 이곳을 찾는다. 대표 메뉴는 '카페 피에노'라 불리는 크림이 올라간 커피인데, 부드러운 식감과 달콤함으로 부담 없이 에스프레소를 즐기기 좋다.

"바쁜 일정 속, 잠깐의 휴식을 취할 수 있는 공간이자 맛있는 커피가 있는 곳."

Recommended by. 유현선, 워크룸 그래픽 디자이너

리사르 커피 @leesarcoffee

서울 중구 명동8가길 58, 1층

Food & Beverage

Better than espresso

9 마하 한남

서재와 커피, 위스키에 대해진 한강뷰, 마하 한남

'마하 한남'의 부제는 '건축가의 서재'이다. 실제 이곳의 운영자가 건축 일을 하시기에 설계 공간에 사용된 건축재료와 도면, 모형 등을 경험할 수 있게 전시해 두었다. 무엇보다 편안한 의자와 조명, 한적한 테이블 배치로 이런저런 이야기를 나누기 좋고, 큰 창 너머로 보이는 한강뷰에 한참은 넋을 놓고 바라보게 된다. 알레시 Alessi 모카포트를 사용하여 추출한 커피, 건축가가 엄선한 위스키 라인업, 비스테까와 협업해 선보인 티라미수가 이곳의 대표 메뉴. 낮과 밤에 방문했을 때의 느낌이 사뭇 다르기에 시간대를 달리하여 방문해 보는 것을 추천한다.

"본연의 매력이 느껴지는, 깊게 기억하고픈 공간."

Recommended by. 최원석,
프로젝트 렌트 대표

photo @ b.conte

마하 한남 @maha.bannam

서울 용산구 서빙고로91나길 85, 4층

10　　　　　　　　　몬탁

사람은 자연 속에서 편안함을 느끼기 마련이다. 계절이 지남에 따라 공기와 빛의 무게는 달라지는데, 이를 오롯이 경험할 수 있는 카페 '몬탁'. 공간 내부는 시간의 흔적이 남는 나무와 가죽, 데님 등의 소재가 주를 이룬다. 계절에 따라 가장 맛있는 제철 과일을 가지고 이에 어울리는 재료로 하나의 시즈널 대니쉬 Seasonal Danish를 만드는데, 이는 몬탁의 시그니처 메뉴 중 하나. 함께 곁들이는 커피는 맛도 훌륭하지만, '좋은 커피'를 전하고자 한다는 이들의 마음이 고스란히 담겨있다. 그래서인지 이곳은 늘 마음 한 켠에 '따뜻함'이라는 키워드로 남아있다.

　"몬탁행 열차를 탔다. 영화 <이터널 선샤인> 중."

Recommended by. 강세영,
배달의 민족 브랜드 마케터

11　　　　　바통 밀 카페

튼튼한 키로 전하는 바통 터치, 바통 밀 카페

오래된 고옥의 형태지만, 어딘가 모르게 세련된 '바통 밀 카페'. 우리는 줄곧 어떤 공간을 고려할 때, 그곳이 로컬 분위기에 자연스럽게 묻어나는지를 눈여겨보곤 한다. 이러한 관점에서 바통 밀 카페는 항상 그 골목에 있었던 느낌이기도 하면서, 그 안에서의 다양한 시도가 돋보이는 공간이다. 팝오버 팬케이크와 제철 재료를 활용한 음식이 이곳의 대표 메뉴로, 우드 소재를 활용한

내부의 전반적인 분위기에 파란색 유리 티테이블이 더해져 색다른 이미지를 탄생시킨다. 통창으로 들어온 빛이 공간을 가득 메우는 정오에 브런치를 즐기기에 특히 좋다.

"은은한 멋과 맛이 기억에 남는 곳."

Recommended by. 박찬빈,
맹그로브 커뮤니티 기획팀
리더

바통 밀 카페 @baton_mealcafe

서울 용산구 한강대로15길 33

@baton_mealcafe

Bâton meal cafe

Baton, 33, Hangang-daero 15-gil, Yongsan-gu, Seoul,
Republic of Korea
+82 70 8869 6003

12   살팀보카

이태리북부 모던 유럽식 다이닝

쉽게 접해본 적 없는 생소한 이름 '살팀보카'. '화덕에 구운 이탈리아 남부식 파니니'라는 뜻을 가지고 있다고 한다. 우리나라도 지역에 따라 방언이 있듯, 이탈리아 남부의 사투리 같은 것이다. 지역색이 짙은 이름을 하고 있듯, 이곳의 음식은 평소에 쉽게 접하던 이탈리안 음식과는 차이가 있다. 알고 보니, 그림을 비롯하여 공간을 이루는 소품 하나하나 사장님이 이태리에서 직접 공수해 온 것들이라고. 적산가옥 형태의 건물 내에 자리해 있는데, 오래된 건물이지만 낡지 않은 듯하고, 현대적이지만 친숙한 느낌도 든다.

"다른 곳에서 먹어볼 수 없는 이태리 음식을 접하다."

Recommended by. 아키프서울

살팀보카 @saltimbocca_seoul   162   서울 용산구 한강대로76길 11-36, 1층

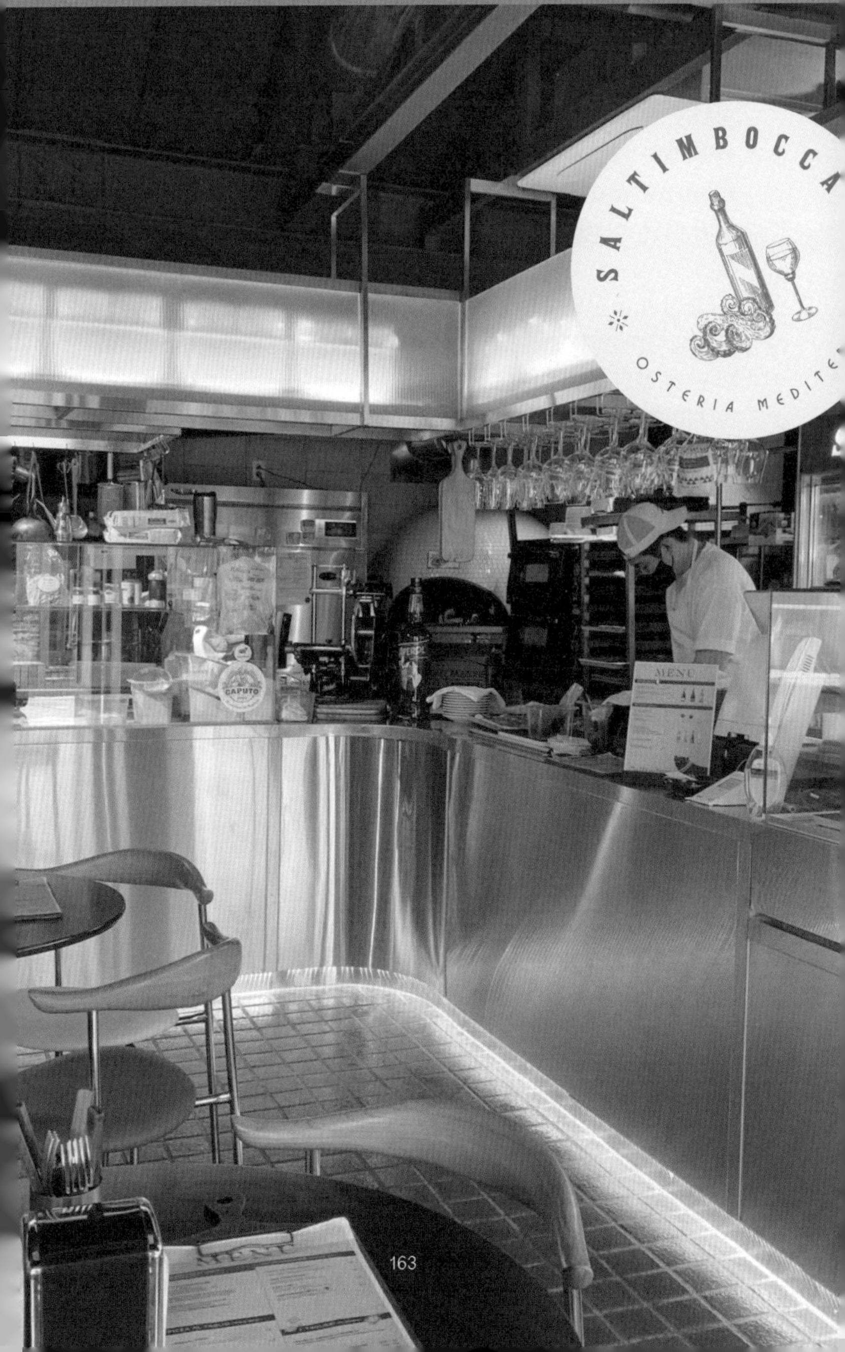
SALTIMBOCCA
OSTERIA MEDITE
CAPUTO
MENU

13 아워플래닛

의식주 중에서도 '식食'은 우리 삶에 지대한 영향을 미친다. 한두 끼만 걸러도 몸이 즉각적으로 반응하기 때문. 이처럼 지속 가능한 삶을 위해서는 자칫 간과할 수도 있는 환경과 동식물과의 관계, 생산자와의 관계, 궁극적으로 미식과의 관계 밸런스를 잘 맞춰야 한다. 한 세기를 지낸 건물에 자리한 '아워플래닛'은 자연에서 오는 음식의 맛이 현재 우리의 식탁 그리고 미래의 식탁까지도 이어질 수 있는 것에 초점을 맞춘다. 고목재와 바위가 어우러져 과거와 현재가 연결되어 있음이 공감각적으로도 느껴진다.

"우리가 잊어버린, 어쩌면 잃어버린 관계를 다시금 생각하다."

Recommended by. 차승희,
(전)특급호텔 F&B 기획 총괄

photo Son Mihyun

아워플래닛 @ourplaneat

서울 종로구 옥인길 71, 2층

OUR
PLANEaT
FOR   EARTH   &   US

photo Son Mihyun

14   에움

한과는 경제적인 관점에서 본다면, 제조 과정이 복잡하고 시간도 오래 걸리기에 판매자 입장에서는 결코 효율적이지 못하다. 하지만 반대로 생각해 보면 그만큼 노력과 정성이 들어간다는 것을 의미하지 않을까. 경의선 숲길을 지나 어느 골목으로 돌아가면 마주하게 되는 디저트 가게, '에움'이 있다. 이곳은 바닐라 결약과와 백설기 팥양갱이 유명한데, 한 입 베어 물면 재료의 합이 좋아 절로 감탄하게 된다.

공간은 전체적으로 따뜻한 온기가 느껴진다. 그리고 편안히 느껴지는 조도 아래서 앞에 있는 디저트를 음미하기 좋다. 각 디저트가 담겨 나오는 그릇은 저마다 다른 형태를 하고 있는데, 받고서 다들 '오!' 하는 반응을 보는 재미도 있다.

"치열하게 고민한 흔적이 맛에서 느껴진다. 입 안이 즐거워지는 곳이다."

Recommended by. 김예람,
블림프 콘텐츠 디렉터

에움 @aeum.seoul   *서울 마포구 서강로11길 36, 1층*

15 에이스포클럽

좋은 음악과 술 그리고 한국 것들의 조화로움이, 에이스포클럽

'새로운 것은 환영받지만, 오래된 것은 사랑받는다.'라는 슬로건대로 '에이스포클럽'은 60년의 시간 동안 을지로를 지킨 '이화다방'의 공간을 일부 보수하여 사용하고 있다. 공간 디자인, 분위기, 술맛 중 어느 하나에 치중되지 않고 밸런스를 잘 이루고 있으며, 주로 재즈·록·블루스 등의 음악이 공간을 채운다.

위치 특성상 서울을 방문하거나 살고 있는 외국인도 꽤나 많이 방문하는 곳. 이에 한국의 전통주와 제철 재료 등 우리나라에서만 경험할 수 있는 맛에 대한 연구도 계속 이어가고 있다고 한다.

"Ace Four Club"

Recommended by. 김지은, 비이커 바이어

에이스포클럽 @acefourclub

서울 중구 을지로 105, 2층

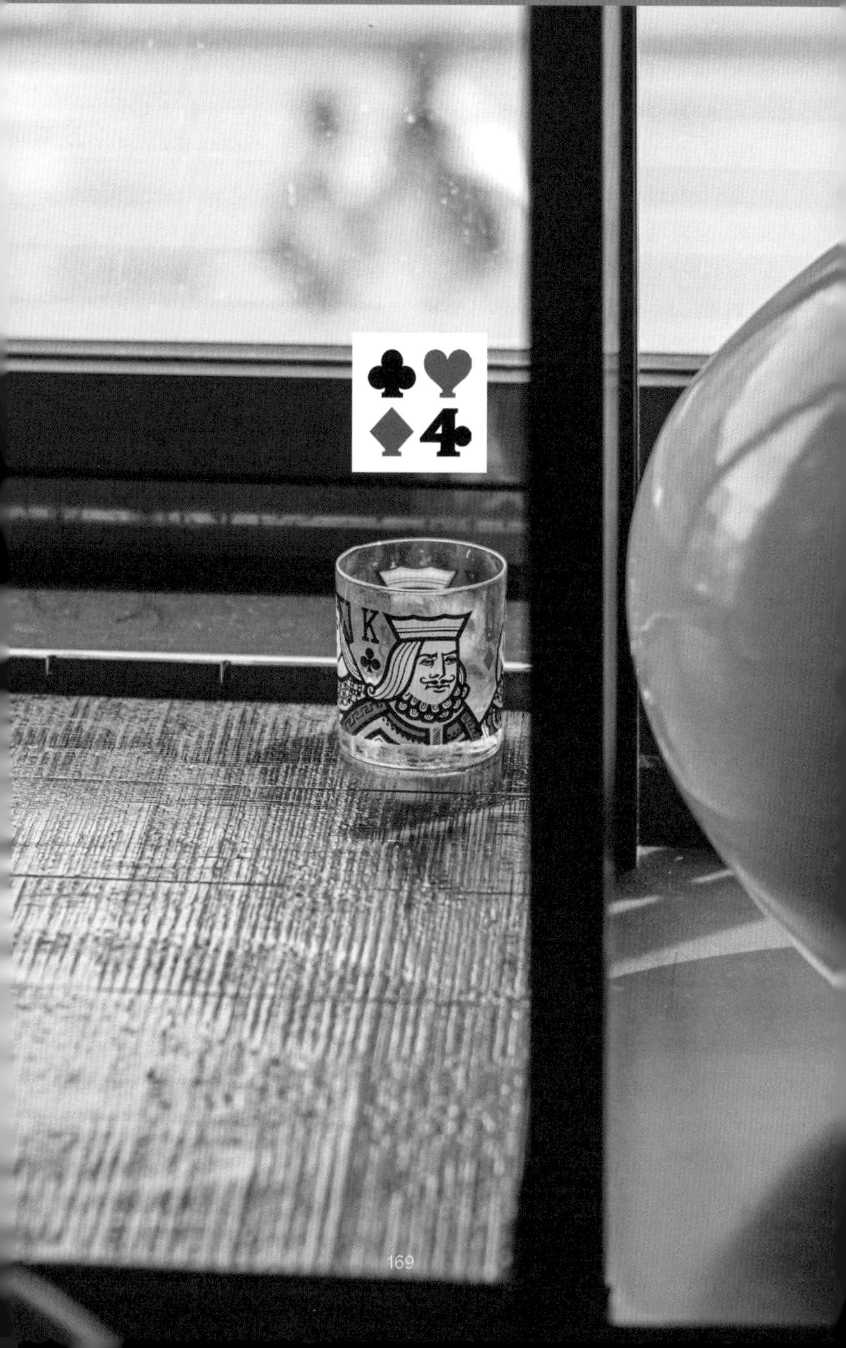

16 자하

현재에 어울리는 떡에 대하여 고민해 본 적 있는가? 카페 '자하'에 들어서면 가장 먼저 시선이 '떡'으로 향하게 된다. 이곳은 공간에서 드러나는 깨끗하고 담백한 분위기만큼이나 모티브도 간결하다. 떡을 만드는 어머니와 커피를 내리는 사장님, 바깥으로 보이는 것에 힘쓰기보다는 본질에 초점을 맞추고 있다. 여기서 본질이라면, '음식점은 음식이 맛있어야 한다'일 것이다.

그런 점에서 모든 방면에서 과하지 않은 이곳이 요즘의 때에 더욱 소중하게 느껴진다.

"떡과 커피, 담백하게 딱 그 정도.."

Recommended by. 박찬빈, 맹그로브 커뮤니티 기획팀 리더

JAHA

17   치즈플로

서울의 팬시한 공간을 언급할 때, 빠지지 않고 언급되는 한남동. 이곳을 지나다 위화감 없이 편히 드나들 수 있는 동네 단골집이 있다. 직접 만든 로컬 치즈와 샤퀴테리를 선보이는 '치즈플로'. 현장에서 와인과 함께 음식을 맛보고 매장 한편에 간단히 집으로 사서 갈 만한 식료품도 자리해 있다. 치즈와 샤퀴테리가 그러하듯, 오래될수록 정갈한 세월의 맛이 느껴지는 것이 있다. 이 공간도 그러하다. 부모님 손을 잡고 방문했던 아이들이 나중에 이 맛이 그리워 다시 찾게 될 것만 같다.

"오랜 시간에 걸쳐 함께하고 싶은 가게."

Recommended by. 강세영, 배달의 민족 브랜드 마케터

치즈플로 @cheeseflo

서울 용산구 이태원로49길 19, 1층

18 토와

딱 여섯 자리로 된, 셰프 혼자서 운영하는 스시 오마카세 '토와'. 제철 자연산 재료만을 사용한 스시 코스에 더해진 직접 발효하여 덖은 차 페어링이 인상적인 곳이다. 단순히 식사를 하는 행위에서 더 나아가 마치 명상을 하듯, 전시를 보듯 적당한 긴장감과 몰입감을 갖고 셰프에게 집중하게 된다. 평소에 어떤 생각을 갖고 음식을 대하며, 또 어떻게 먹는지 돌아볼 수 있다. 건강하고 특별한 식경험을 하고 싶다면 이곳을 소개하고 싶다.

"무엇 하나 허투루 하지 않으면서 지향하는 가치를 지켜나가는 곳."

Recommended by. 김예람, 블림프 콘텐츠 디렉터

19 　　　　　　　MMS

'뉴-테크 제너레이션 New-Tech Generation'의 개념이 칵테일에 접목된다면 어떤 느낌일지 상상해 본 적 있는가? 시즌마다 새로운 컨셉을 선정하여 실험적이고 창의적인 주류를 선보이는 'MMS'. 이곳은 술이라는 매개를 통해 다양한 이야기를 전하고 또 그 방식이 신선해 보고 듣는 재미가 있다. 서촌에는 저마다 특색있는 음식점들이 즐비해 있기에, 어떠한 정체성 없이 사람들의 주목을 받기란 여간 쉬운 일이 아니다. 이곳은 우드톤의 인테리어로 어둑해진 저녁쯤에 방문하여 이전에 접하지 못한 메뉴에 대한 설명을 들으며 하루를 마무리하기도 좋다. 섬세한 서비스가 기억에 남아 종종 편하게 찾게 된다.

"서촌에서 분위기 좋은 바를 찾는다면 바로 이곳."

Recommended by. 조혜빈
엔티엘컴퍼니 브랜드 기획자

20   PER

다른 곳에서 보고 느끼지 못했던 와인바, PER

을지로, 충무로 일대가 '힙지로'라 일컬어질 만큼 20~30대 젊은 층의 뜨거운 주목을 받고 있다. 다양한 가게들도 우후죽순으로 생기고 있는데, 흔하지 않은 내추럴 와인바가 하나 있다. 바로 'PER'. 이곳의 가장 큰 특징은 400여 종의 내추럴 와인을 보유하고 있다는 점. 그리고 여타 다른 와인바에서는 쉽게 사용하지 않는 알록달록한 컬러, 다양한 소재를 사용한 가구와 조명으로 이루어져 있다. 제철 재료로 만든 음식과 그에 어울리는 와인 추천까지, 금방 생겼다가 사라질 공간은 아니라고 확신한다.

"주변과 나누고픈 좋은 기억을 간직한 곳."

Recommended by. 유현선,
워크룸 그래픽 디자이너

2F, 39, Supyo-ro 6-gil, Jung-gu,
Seoul, Republic of Korea

PER

Insight Space

Lifestyle

Insight Space

1 포인트오브뷰 성수

성수의 메인 거리라 일컬어지는 연무장길을 따라 걷다 보면, 적색 벽돌로 이루어진 건물과 그 안으로 잇따라 들어가는 사람들을 발견할 수 있다. 새롭게 단장하여 오픈한 '포인트오브뷰 성수'. 우리가 일상에서 줄곧 접하던 필기구, 노트와 같은 도구들이 이렇게 아름다운 사물이었나 싶을 정도라고. 공간에서 경험할 수 있는 총체적인 아름다움까지 더해져 이제는 문구샵, 소품샵을 떠올렸을 때 빠지지 않고 거론되고 있다. 공간에 고객들의 걸음, 시선, 손짓이 녹아들어 하나의 정지된 신 scene이 아닌, 연속적인 장면 scenery을 이뤄내는 곳, 나만의 취향과 선호가 이 안에서 명확해짐을 경험할 수 있을 것이다.

"진정한 문방구의 덕후, 공간 자체가 주는 위안이 존재한다. 포오뷰만의 향기, 소리, 장면들을 오롯이 경험하고 나면 2~3시간은 훌쩍 지나있다."

Recommended by.
김예람, 블림프 콘텐츠 디렉터 / 서은아, 메타 글로벌 비즈니스 마케팅 동북아 총괄 상무 / 소호, 모빌스그룹 기획 디렉터 / 신소현, 오이뮤 대표 / 이경화, (전)무신사 리테일 기획 및 공간디자인 디렉터 / 이봄, SK D&D, ESG 파트 매니저 / 이연수, 분더샵 바이어 / 조미연, 라라디자인컴퍼니 대표 / 차승희, (전)특급호텔 F&B 기획 총괄 / 최소현, 네이버 디자인 & 마케팅 부문장 / 최원석, 프로젝트 렌트 대표

POINT OF VIEW

A Curated Store for the Artistic Mind

18 Yeonmujang-gil, Seongdong-gu, Seoul, Rep of Korea

EVERYDAY 12-8pm

+82 2 462 0018   info@pointofview.kr

pointofview.kr

2   LCDC SEOUL

성수동이 지금처럼 팝업의 강세를 이루기 살짝 전으로 기억한다. 여러 설비 공장들 사이로, 한 건물이 들어섰다. 'LCDC'라는 간판이 무슨 의미일까 싶었는데, 'LE CONTE DES CONTES 이야기 속의 이야기'라는 뜻을 지닌다고 한다. 1층 카페를 지나, 위에서부터 보면서 내려오고자 3층으로 곧장 올라간다. 6개의 방이 있고, 각 방에는 각자의 이야기를 지닌 브랜드가 입점되어 있다. 모두 자신만의 어투와 문체로 멋진 이야기를 만들어 나가는 브랜드인지라, 한곳에 모여 있다는

게 감사할 따름이다. 이로써 왜 여러 이야기들이 모였다는 것인지 이해가 된다. 2층으로 내려가면, 라이프스타일샵이 자리해 있다. 편집샵으로, 둘러보기 좋게 섹션을 나눠 두었다. 그렇게 시간 가는지 모르고 구경하다가 1층 카페에서 오늘 이곳에서의 소비를 돌아보며 같이 온 사람들과 이야기를 나눈다.

"과거 자동차 정비소, 신발 공장이었다고 하면, 믿을 수 있겠는가?"

Recommended by. 김만나, 디자인프레스 편집장 / 서은아, 메타 글로벌 비즈니스 마케팅 동북아 총괄 상무 / 소호, 모빌스그룹 기획 디렉터 / 신소현, 오이뮤 대표 / 이경화, (전) 무신사 리테일 기획 및 공간디자인 디렉터

3 　　　　　글월 연희

우리는 직접 말로 전하기 어려운 마음은 '편지'라는 매개를 통해 전하곤 한다. 이를 좀 더 쉽게 도와주는 곳을 발견했을 땐, 이루 말할 수 없는 기쁨이 있었다. 글월 연희점에 들어서면 양쪽 벽면의 창문으로 차분하고 따뜻한 기운이 느껴진다. 살구색의 벽과 가구, 짙은 색의 나무 수납장은 마치 바깥의 풍경을 안으로 들여온 듯하다. 이곳은 편지를 쓰면 그 편지가 필요한 누군가에게 닿을 수 있게 도와주는 일종의 다리 역할을 한다. 온전히 편지를 쓸 수 있는 자리가 마련되어 있어 어느 순간 자리에 앉아 몇 자 끄적이는 스스로를 발견하게 된다.

"마음을 온전히 전하는 방법을 함께 고민해 주어 고맙다."

Recommended by. 김예람, 블림프 콘텐츠 디렉터 / 서은아, 메타 글로벌 비즈니스 마케팅 동북아 총괄 상무 / 심석용, 파카이파카이 브랜드 디자이너 / 조혜빈, 엠티엘컴퍼니 브랜드 기획자

글월 연희 @geulwoll.kr

서울 서대문구 증가로 10, 403호

4 설화수의 집

과거와 현대가 어우러진 북촌에 자리한 '설화수의 집'. 수많은 뷰티 매장과 달리, 제품 판매를 분리함으로써 브랜드가 지닌 정서를 전하려는 의도가 돋보인다. '뷰티 프롬 컬처 Beauty from culture'라는 철학을 지닌 브랜드답게, 이곳은 제품이 진열된 매장보다는 마치 특별한 취향을 지닌 한 여성의 집처럼 느껴진다. 한옥과 양옥이 연결되어 있어, 우아함과 세련됨을 고루 갖추고 있다. 한옥의 응접실에서 시작하여 양옥의 리테일 공간에 이르면, 그 옛날 우수한 한방 재료를 알아낸 안목과 이를 현대적 미감으로 끌어낸 설화수의 안목을 확실히 체감할 수 있다.

"한옥과 양옥의 조화를 경험하다."

Recommended by. 신소현, 오이뮤 대표 / 차승희, (전)특급호텔 F&B 기획 총괄 / 최다예, 언커먼홈 대표

설화수의 집 @sulwhasoo.official

서울 종로구 북촌로 47

5 세실 앤 세드릭

피티잇가드닝이 만나다, 세실 앤 세드릭

마치 파리 마레 지구의 한 빈티지 숍에 온 듯한 기분이 드는 '세실 앤 세드릭'. 유럽 공원이 떠오르는 색감과 공간 전체를 아우르는 일광 덕분일까, 황학동의 떠들썩한 시장 골목을 걷다 들어선 세실 앤 세드릭은 전혀 다른 공간에 와있는 듯하다. 2층 공간에는 정면에 양쪽으로 열리는 창이 있는데, 1층과는 또 다른 분위기로 이루어져 다양한 시각적 경험이 가능하다. '자연이 가장 큰 예술의 스승이다. Natura Artis Magistra.'라는 슬로건을 지닌 만큼, 이들이 전개하고 있는 빈티지 느낌의 제작 제품들과 자연을 가득 담은 가드닝 제품들이 제법 잘 어우러진다.

"선물 고민할 때 가장 먼저 떠오르는 곳."

Recommended by. 이봄, SK D&D, ESG 파트 매니저 / 조미연, 라라디자인컴퍼니 대표

세실 앤 세드릭 @cecile.n.cedric　　190　　서울 중구 퇴계로 81길 8

6 슈퍼파인

지속 가능하며 대안적인 삶을 제안하는 공간, '슈퍼파인'. 현대 우리는 소비와 뗄 수 없는 관계에 놓여있다. 그렇기에 어떻게 소비하면 좋은지에 대한 관심이 높아지고 있다. 슈퍼파인은 지속 가능한 소비문화 또한 매력적일 수 있다는 새로운 관점을 제시하며, 나의 소비가 환경과 사회 그리고 삶에 어떠한 의미를 전하는지 직간접적으로 체험할 수 있는 공간이다. 기억에 남는 메뉴로는 못난이 과일을 활용한 파이와 비건 식빵, 제철이 지나 버려질 위기에 처한 과일, 채소를 구해내어 만든 잼과 피클이 있다.

"지속 가능하며 건강한 식문화를 제안하다."

Recommended by.
김예람, 블림프 콘텐츠 디렉터 / 서은아, 메타 글로벌 비즈니스 마케팅 동북아 총괄 상무

슈퍼파인 @superfine__official

서울 성동구 성수이로22길 51-1, 1층

SUPERFINE
VEGAN SNACK
UPCYCLING FOOD
SUSTAINABLE
BEVERAGE
LOCAL
SUPERFINE!

7   아세티크

현지의 작가와 아티산을 만나다, 아세티크

프랑스어로 '고행자'라는 뜻을 지닌 '아세티크 ascétique'. 온라인으로 주문부터 결제까지 모든 것이 해결되는 요즘, 아세티크는 현지에서 미팅부터 바잉까지 직접 진행하고 있다. 그래서인지 그들의 가치가 고스란히 담겨 한국 소비자들에게 전해진다. 훼손과 시공을 최소화하여 80~90년대 일반화된 한국형 공간의 모습을 하고 있으며, 끊임없이 공부하고 아세티크만의 세계관을 이루려는 노력이 돋보인다. 판매하고 있는 작품 중에는 사포텍 러그의 시대를 불러온 장본인이라 불리는 아이작 바스케스Isaac Vásquez의 러그가 기억에 남는다.

"물건과의 추억이 고스란히 담긴 곳."

Recommended by. 박이랑, 현대백화점 크리에이티브 디렉터 / 하예진, 누데이크 크리에이티브 디렉터

ascétique

8 이솝 한남

웩건 낭빛으로 물들이다, 이솝 한남

한강진역에서 나와, 메인 거리를 걷다 보면 어느 순간 아로마틱한 향이 코끝을 스친다. 그럴 때면, '이 제 이솝 매장 근처구나' 싶을 정도로 눈에 익은 공간인, '이솝 한남'. 통창으로 이루어져, 안쪽 매장이 훤히 보이는 구조다. 무엇보다, 시즌의 컨셉에 따라 외관 디스플레이가 달라져 보는 재미가 쏠쏠하다. 특히 한남점은 해가 넘어가는 5~6시(동절기 기준) 정도에 가장 멋스럽다. 우리 전통 가옥인 한옥의 건축 양식이 곳곳에 반영되어 있는데, 대표적으로는 옻칠한 목재로 이루어진 선반이 눈에 들어온다. 따뜻함과 부드러움이 느껴지는 동시에, 이솝 특유의 아로마 향이 오감을 충만하게 채운다. 매장 경험을 하기 위해 온라인보다는 오프라인을 선호하는 편인지라, 바디케어 제품을 선물할 일이 있으면 들르게 된다.

"각 지역의 특성을 녹여, 완성도 높은 차별화된 공간을 만들다."

Recommended by. 이경화, (전)무신사 리테일 기획 및 공간디자인 디렉터 / 최다예, 언커먼홈 대표

이솝 한남 @aesopskincare

서울 용산구 이태원로 259-1

9 · MMK

음식을 조리하는 기능적인 공간 이상으로 주방이 지니는 가치를 새롭게 제안하는 'MMK'. 남산 둘레길을 따라 오르다 보면, 후암동에 자리한 MMK 쇼룸을 만나게 된다. 'Museum of Modern Kitchen'의 이름처럼 뮤지엄 콘셉트를 가지고 키친과 퍼니처를 전시해 두었다. 그래서인지 이곳에 가면 저절로 '이 키친 모듈이 우리 집에 놓인다면?'과 같은 즐거운 상상을 하게 된다. 브랜드 및 아티스트와의 협업으로 도기류, 패브릭, 테이블 웨어 등의 키친 앤 다이닝 큐레이션을 살펴 보는 재미가 있다. 주방 가구 하나 바꾸는 것이 연쇄적인 작용을 일으켜 결국엔 식탁 문화에 긍정적인 영향을 미칠 수 있다는 브랜드 메시지를 체감할 수 있는 곳이다.

"브랜드가 현재 가치를 즐기며 미래를 바라보는 것이 오롯이 느껴진다."

Recommended by. 김예람, 불림프 콘텐츠 디렉터 / 조미연, 라라디자인컴퍼니 대표

MMK

We
Kitchen

Build
Culture

Museum   of
Modern   Kitchen

MMK

We build kitchen culture

177, Duteopbawi-ro, Yongsan-gu,
Seoul, Korea

Show room +82 (0)2 777 5887
Office   +82 (0)2 777 5778
hello@mmk-seoul.com

10 ofr seoul

처음에는 서울숲 근처에, 현재는 서촌의 한 골목길 주택의 형태로 자리매김한 'ofr seoul'. 파리 본점과 비교하며 보는 재미도 있고, 국내에서 접하기 어려운 해외 서적을 보다 보면 시간이 금방 지난다. 근처를 지나다 잠시 색다른 분위기를 느끼기 위해 들르기도 좋다. 편하고 친숙한 공간인지라, 이 동네를 처음 방문하는 친구가 있다면 함께 둘러보길 권한다. ofr이 서울에 처음 오고서도 벌써 5년이라는 시간이 지났다. 그동안 서울의 흐름이 빠르게 변화하기도 했고, 여전히 많은 것들이 생기고 사라지고 있다. 그럼에도 꾸준히 사랑받는 곳은 저마다의 이유가 있을 것이다. ofr seoul의 매력을 꼽자면, 이곳은 5년, 10년이 지나도 크게 변하지 않으리라는 것. 마치 ofr paris가 그 자리에서 본연의 오리지날리티를 잃지 않는 것처럼 말이다.

"언제 방문해도 편안하고, 이것저것 보는 재미가 쏠쏠한 곳."

Recommended by. 강세영, 배달의 민족 브랜드 마케터 / 조아란, 민음사 마케터

Ofr Paris

11 그랑핸드 남산

지중해의 건축물이 떠오르는 야간, 그랑핸드 남산

손에서 손으로 전해지는 온기와 진심을 담은 '그랑핸드'. 여러 지점이 있지만, 그중에서도 최고의 풍경을 자랑하는 곳은 그랑핸드 남산점이다. 이곳에 있으면 안에 있지만, 외부와 유연하게 이어지는 느낌이 든다. 자연을 닮은 곡선 형태의 벽, 흙으로 만든 벽돌 바닥과 천으로 마감된 매대 하나하나 세밀하게 계산된 듯하다. 한 층 위에 콤포타블 카페도 함께 운영 중인데, 탁 트인 서울 전경을 파노라마 뷰로 감상할 수 있다. 단순히 제품을 판매한다는 것에 그치지 않고, 다채로운 공간의 경험을 제공하는 그랑핸드. 다음에는 또 어떤 새로운 공간을 선보일지 궁금해진다.

"언제, 누구와 함께 방문해도 편안하고 부담이 없다."

Recommended by. 박찬빈,
맹그로브 커뮤니티 기획팀
리더

그랑핸드 남산 @granhand_official

서울 용산구 두텁바위로 60길 49
대원정사 별관 3층

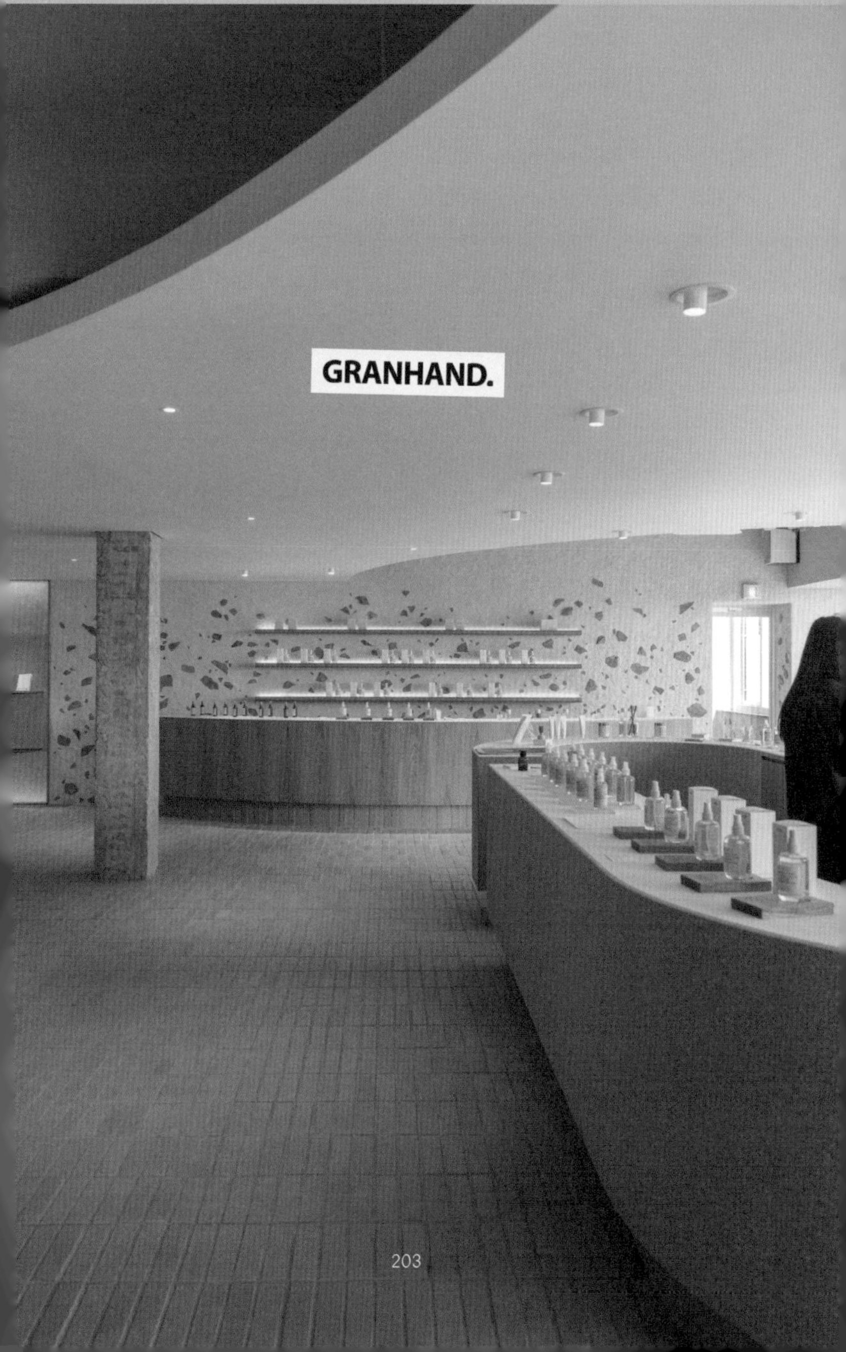
GRANHAND.

12

레어로우 하우스

창작자의 삶을 보여주다, 레어로우 하우스

날 것의 소재로 특별한 제품을 만드는 '레어로우'. 가장 많은 시간을 보내는 '하우스 House'는 나라는 사람을 잘 드러내는 공간이다. 그렇기에 타인의 공간을 방문하면 그의 취향과 습관을 간접적으로 경험하게 된다. 레어로우 뮤즈의 집은 레어로우와 결이 맞는 창작자와 협업하여, 1년에 4번 뮤즈의 컨셉에 맞추어 공간이 구성된다. 실제로

그 사람이 사는 집에 놀러 온 듯한 친근감도 느낄 수 있다. 개인 공간을 기획하고 있는 사람이라면, 한 번쯤 방문하여 영감을 얻기 좋다.

"친구 집에 놀러 온 것처럼 편안하고 재밌다."

Recommended by. 서은아,
메타 글로벌 비즈니스 마케팅
동북아 총괄 상무

레어로우 하우스 @rareraw_house　　　　204　　　　서울 성동구 연무장길 20

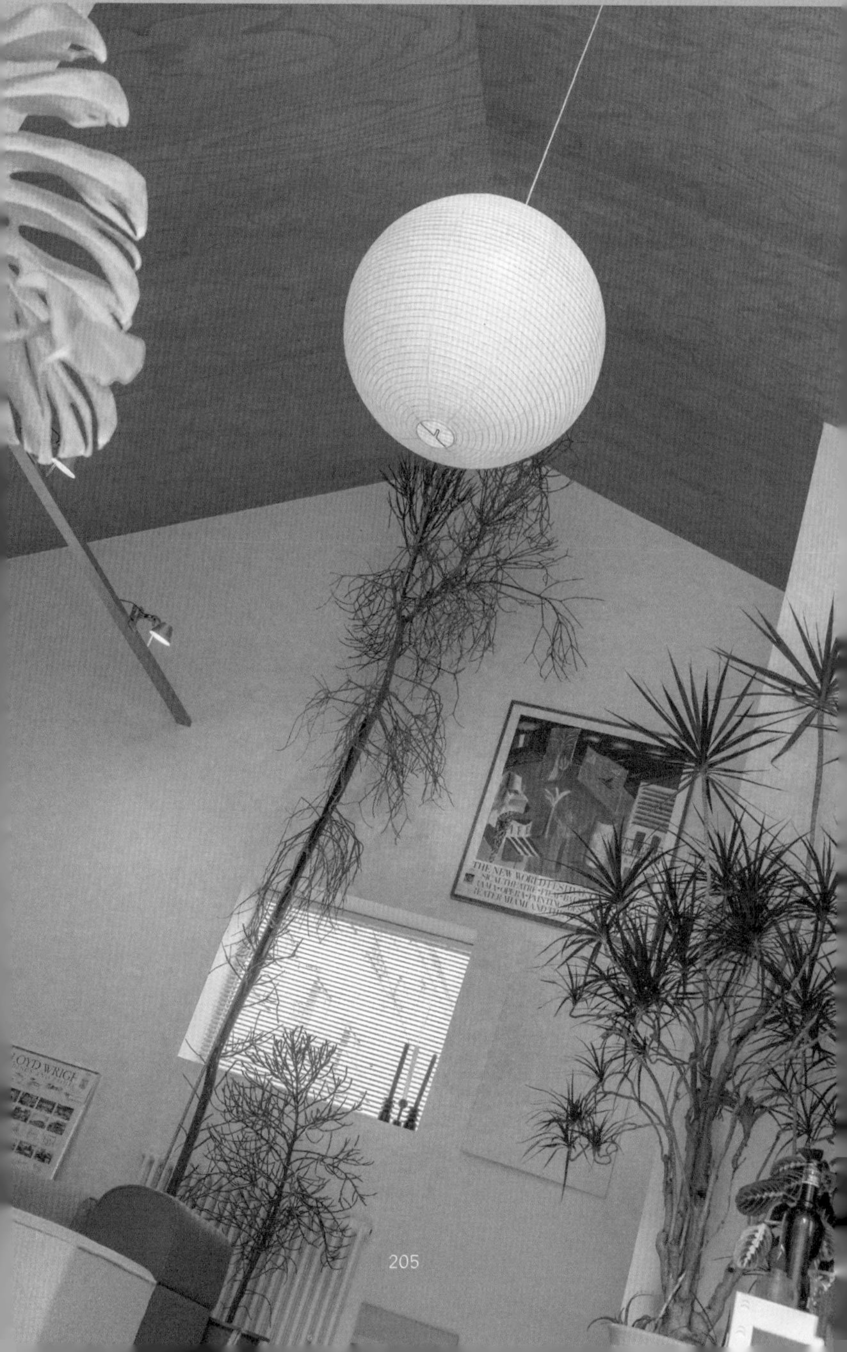

13   식스티세컨즈 라운지

수면의 질이 삶에 지대한 영향을 미친다는 것은 공공연하게 알려진 사실. 그러나, 본인에게 어떤 환경이 최적의 수면 환경인지 정확히 아는 사람은 많지 않다. 또한 매트리스는 우리가 매일 소비하지만, 이에 반해 자주 바꾸는 소비재는 아니기에 구매 경험이 많은 편은 아니다. 나의 잠을 돕는 요소에는 어떤 것들이 있는지 스스로 경험하고 깨닫게 된 '식스티세컨즈 라운지'. 좋은 쉼에 대한 경험을 떠올리거나, 혹은 누군가 잠에 대해 고민한다면 꼭 추천하고 싶다.

"나의 잠과 쉼을 큐레이션하다."

Recommended by. 소호,
모빌스그룹 기획 디렉터

식스티세컨즈 라운지
@60seconds_mattress

서울 용산구 장문로 29

:60

식스티세컨즈 라운지
:60 LOUNGE
02.2076.6060
lounge@60s.co.kr

:60 LOUNGE
서울시 용산구 장문로 29

60s.co.kr

14 아모멘토 플래그십

옷과 사물 그리고 공간이 하나로 어우러지다, 아모멘토 플래그십

이름만 들어도 아는 해외 유명 브랜드들이 패션쇼를 하거나, 팝업을 진행하기 위해 몰려들고 있는 서울은, 세계 패션계에서 손꼽히는 도시로 자리매김하고 있다. 이 속에서 국내 브랜드가 자신만의 색을 드러내기란 여간 쉬운 일은 아니다. 하지만, 단연 성공적이라고 말할 수 있는 브랜드가 있다면, '아모멘토' 아닐까. 2016년에 론칭한 아모멘토는 절제된 디자인과 건축적으로 재해석한 실루엣이 어우러져 특유의 도시적인 미감을 자아낸다.

아모멘토 플래그십에서는 이러한 옷을 단순히 진열하는 것에 그치지 않는다. 사물과 공간에 대한 이해도가 높아, 이들이 주목하는 창작자들의 작품도 만나볼 수 있다. 옷과 사물, 공간 이렇게 3요소가 어우러져 아모멘토만의 정체성을 만들어 내는 것을 보기 위해 새로운 시즌이 시작되면 방문하고 싶어진다.

"매 시즌 고유한 매력을 뽐아 내는 곳."

Recommended by. 유현선,
워크룸 그래픽 디자이너

아모멘토 플래그십 @amomento.co

서울 종로구 자하문로 70, 1층

AMOMENTO

BOOK
ND
SPACE

15　　　　　　　RTTC

여행의 진정한 묘미는 여행 준비에서 시작된다. 그런 의미에서 'RTTC (Ready to travel centre)'는 같이 고민하며 여행을 준비하기 좋은 곳이다. 1층은 여행 관련하여 다양한 브랜드의 제품이 큐레이션되어 있고, 2층은 미국 서부나 하와이에 온 듯한 자유분방한 느낌이 든다. 디렉터가 여행을 다니며 수집한 올드 패션 잡지와 컵, 소품들로 이루어져, 보는 재미가 있다. 그래서인지 RTTC에서 만큼은 타인의 눈치를 보지 않고 자유롭게 공간의 분위기와 제품을 즐길 수 있다. 다음 여행 준비 전에도 이곳이 떠오를 것만 같다.

"하와이의 낭만과 시티 보이의 향수가 느껴지는 여유로운 바이브가 존재한다."

Recommended by. 김지은, 비이커 바이어

Art
&
Culture

1 이라선

사진집 하면 떠오르는 곳이 있다. '일요일처럼 편안한 Easy Like Sunday'의 의미를 지닌 '이라선' 서점. 다소 어렵게 느껴질 수 있는 사진집을 편하게 감상할 수 있도록 하였다. 공간의 주인공인 '책'이 돋보일 수 있도록, 중앙 진열대에는 사진집을 빼곡히 꼽기보다 전시하듯 보여주고 있다. 이라선에서 소개하는 책은 그림과 같이 사람의 손으로 만든 이미지가 아닌, 기술이 만든 이미지에 주목하는 듯하다. 좁은 의미에서는 사진, 영상 스틸 등 카메라가 만든 이미지, 넓게는 스크린 샷처럼 기계를 통해 만들어진 이미지를 담은 책으로 이루어져 있다.

"사진집을 떠올렸을 때 생각나는 공간, 가고 싶은 공간이다."

Recommended by. 강세영, 배달의 민족 브랜드 마케터 / 심석용, 파카이파카이 브랜드 디자이너 / 조아란, 민음사 마케터 / 전채리, CFC 아트 디렉터 / 최다예, 언커먼홈 대표

이라선 @irasun_official 214 서울 종로구 북촌로 1길 30-11, 1층

2   피크닉

예술 작품, 음식, 정원 어느 하나 놓치지 않는 '피크닉 piknic'. 피크닉은 크게 시간과 돈을 들이지 않고도 휴식과 즐거움을 누리를 수 있는 '소풍 picnic'에서 비롯되었다. 건물 진입로에는 족히 수백 년은 되어 보이는 느티나무 군락이 자리해 있다. 이는 과밀화된 도시에 살고 있는 우리에게 자연으로부터 받는 위로가 어떤 것인지 알게 한다.

시작이 좋아서일까, 피크닉에서 경험한 전시와 공연, 음악은 위안과 영감이 가득했던 쉼의 기억으로 남아있다. 이러한 좋은 기억으로 인해 다시 오고 싶은 마음이 드는 공간 중 하나이다.

"복잡한 도심 속, 탁 트인 옥상에서 경험하는 서울."

Recommended by.
김만나, 디자인프레스 편집장 / 김예람, 블림프 콘텐츠 디렉터 / 이경화, (전)무신사 리테일 기획 및 공간 디자인 디렉터 / 이연수, 분더샵 바이어 / 최소현, 네이버 디자인 & 마케팅 부문장

피크닉 @piknic.kr

서울 중구 퇴계로 6가길 30

FRANÇOIS HALARD

2023.4.6—7.30

piknic

3   리움미술관

한남동하면 떠오르는 공간 중, 빠지지 않고 등장하는 '리움미술관'. 감각적인 스토어들이 자리한 메인 거리 살짝 안쪽에 자리해 있기에, 보다 차분한 분위기를 이루고 있다. 2021년 재개관을 한 이후로, 예술과 건축에 대한 관심이 많은 이들의 발길이 끊이지 않는다. 가장 먼저 로비의 둥근 유리 천장에서 들어오는 햇빛과 실내조명이 조화롭게 어우러져, 심리적 안정감이 찾아온다. 이는 인간의 의식과 사고에 관심을 가지며 건축의 확장성을 도모하는 건축사무소 '노션'과 빛을 주제로 다양한 작업을 하는 건축조명 디자인 회사 '비츠로'의 합작이라고. 미술관 관람객의 지속적인 유입은 사실 어떤 작품을 보유하고 있는지, 어떤 상설 전시가 운영되고 있는지에 달려 있다. 이러한 관점에서 리움미술관은 다양한 작품들이 대거 소개되고 있을뿐더러, 그간 전시되지 않았던 희소성 높은 작품을 많이 보유하고 있다. 바로 이 지점에서 사람들이 주기적으로 리움미술관을 찾게 되는 건 아닐까.

"실제 해외 파트너들에게도 소개하는 대표적인 영감 코스 중 하나다."

Recommended by. 김예지, 플레이스 아카이브 운영자 / 김지은, 비이커 바이어 / 유보라, 보마켓 대표 / 차승희, (전)특급호텔 F&B 기획 총괄

Photo LEEUM

4   문화역서울 284

과거의 공간에 담긴 근현대 문화예술, 문화역서울 284

공예, 전통, 현대미술을 폭넓게 아우르는 '문화역서울 284'. 구 서울역사를 재창조한 공간으로 당시의 건축물이 그대로 남아있어, 둘러보는 재미가 쏠쏠하다. 현재 이곳에서 다양한 기획 전시 및 프로그램이 이루어지고 있으며, 그중에서도 매력적인 로스터리를 한자리에서 만나볼 수 있었던 '커피파티'와 성탄절 마켓으로 사흘간 진행된 '비밀의 성탄역' 등이 사람들의 뜨거운 호응을 끌어냈다. 외부, 내부 공간

투어도 이루어지고 있기에 옛 서울역의 역사와 문화가 궁금하다면 한번 신청해 보는 것을 추천한다.

"1925년에 만들어진 기차역, 이곳에서 진행되는 전시를 보고 있으면 이상하리만큼 가슴 벅차오른다."

Recommended by. 김예지, 플레이스 아카이브 운영자 / 김용찬, mykc 공동대표 / 박이랑, 현대백화점 크리에이티브 디렉터 / 이경화, (전)무신사 리테일 기획 및 공간디자인 디렉터

문화역서울284
문화역서울284
Culture Station Seoul 284

Tel: 02 3407 3500
Fax: 02 3407 3510
seoul284@kcdf.kr
www.seoul284.org

서울시 중구 통일로 1
문화역서울284
Culture Station Seoul 284
1 Tongil-ro, Jung-gu,
Seoul, Korea
04509

문화체육관광부   한국공예·디자인문화진흥원
Korea Craft & Design Foundation

5 일민미술관

다아하고 소박한 매력, 일민미술관

서울 10대 근대 건축 문화재로 선정된 '일민미술관'. 광화문 앞쪽의 큰 사거리 횡단보도에서 신호를 기다릴 때면 늘 눈길이 닿는 곳이다. 이곳은 직관적으로 봤을 때 무엇을 이야기하고 싶은지가 바로 느껴질 만큼, 깊이 있는 콘텐츠를 정확하고 간결하게 소개한다. 그리고 무엇보다 시각적인 흥미로움을 제공하는 것에 그치지 않고, 우리에게 생생한 현실의 단면을 증언해주는 듯하다. 건물 5~6층에는 신문박물관이 함께 자리해 있어 문화예술이 지니는 사회적 가치에 대해서도 함께 고민해 볼 수 있었다.

"과거를 지나, 동시대를 함께 살아내는 미술관이다."

Recommended by. 김용찬, mykc 공동대표 / 김지은, 비이커 바이어 / 하태희, 브랜딩 디렉터, (전)29CM 마케터

ILMIN MUSEUM
OF ART

6 팩토리2

종로구 자하문로에 자리한 갤러리, '팩토리2'. 갤러리라 통칭하고 있지만, 예술 작품 전시를 위주로 하는 갤러리 공간과는 차이가 있어 눈에 들어온다. 팩토리에서 만난 작품들은 기억에서 쉽게 잊히는 법이 없다. 이곳에서 예술은 소비의 개념보다는, 그 예술이 관람객의 마음에 얼마나 오래 또 아름답게 남는지가 중요해 보인다. 어느 날은 사람이 유독 북적이는 것을 보고, 들어가 보니 워크숍 프로그램이 진행 중이었다. 갤러리면서도, 때로는 워크숍 공간으로 또 어떤 때는 마켓이자 파티 공간으로, 상황에 따라 유연하게 공간의 쓰임을 달리하는 것이 이색적이다. 서울은 모든 것이 빠르게 돌아가고 바뀌는 도시이다. 그렇기에, 예측하지 못한 순간들도 종종 마주하는데, 이를 하나의 즐거운 과제이자 새로운 계기로 삼고 있는 모습을 통해 많이 배우게 된다.

"거리를 지날 때마다, 기웃거리다가 끝내 들어서게 된다."

Recommended by. 서동한, 스튜디오 프레그먼트 대표 / 전채리 CFC 아트 디렉터 / 하태희, 브랜딩 디렉터, (전)29CM 마케터

Photo Dadeum

factory2

7   무목적

서촌 거리를 목적 없이 배회하다 우연히 발견한 아지트, '무목적 갤러리'. 서촌이라는 공간은 소위 말해 기가 잔잔하게 강한 동네이다. 이러한 곳에 창을 크게 내어 자리한 갤러리이기에 그만큼 공간과 작업이 서로 어떻게 호흡하는지가 중요하다. 건물 디자인도 혼자 돋보이는 구조가 아닌, 주변 환경에 잘 묻어나는 형태. 건물을 자유롭게 유영하다 마지막 옥상에 도달했을 때는 인왕산 자연을 조망할 수 있다는 점이 이곳의 매력 포인트이다.

"서울의 아름다움을 담담히 이야기하는 곳이다."

Recommended by. 심석용, 파카이 파카이 브랜드 디자이너 / 조혜빈, 엠티 엘컴퍼니 브랜드 기획자

무목적 @mu.mokjeok   226   서울 종로구 필운대로 46, 3층

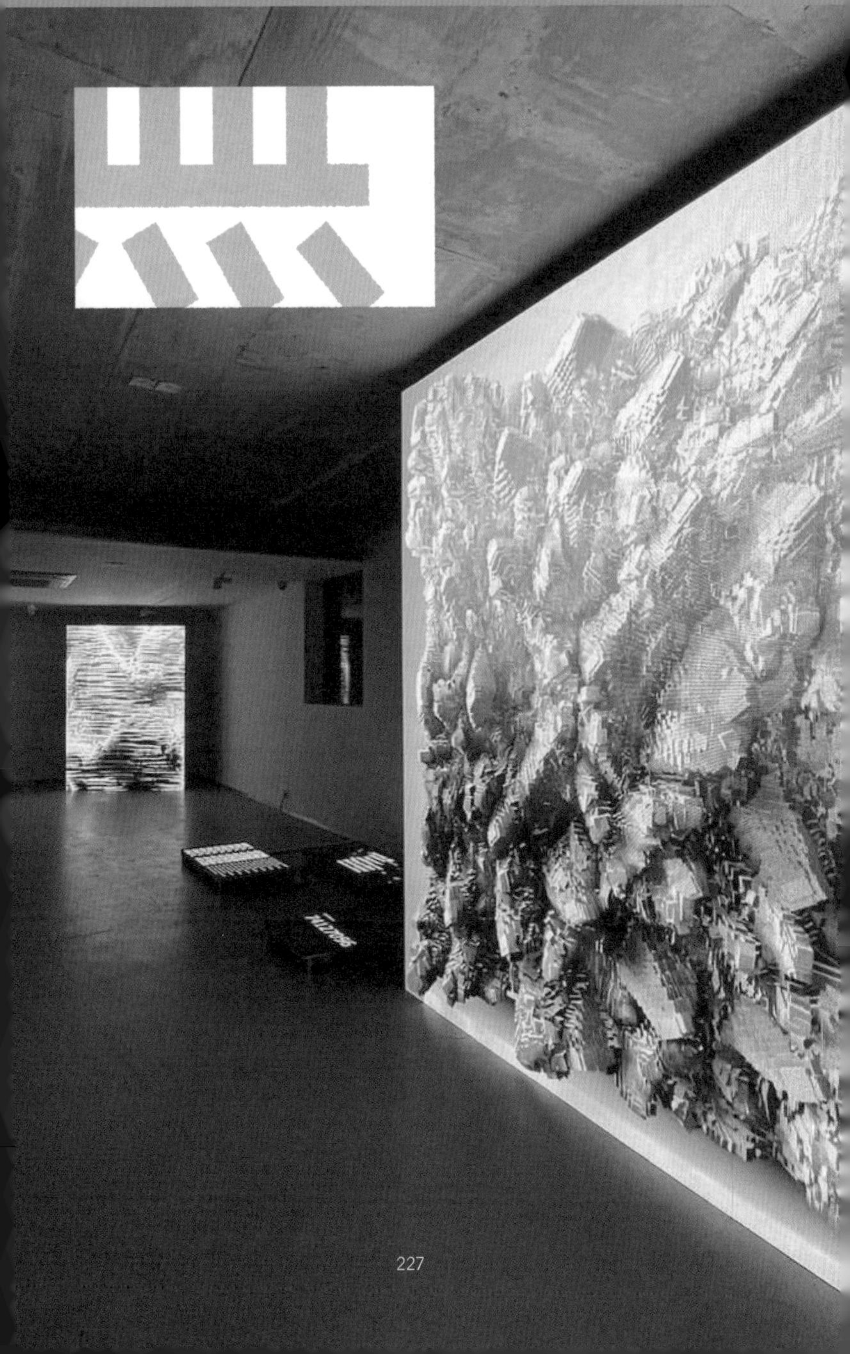

8 소전서림

모든 자본이 집중되는 강남 한복판에 자리한 '소전서림'은 '당신이 자라는 책의 숲'이라는 슬로건을 가지고 책과 독립된 공간을 통해 개인의 성장을 이야기하는 곳이다. 이곳에서는 책을 읽을 수 있는 것은 물론이거니와 다양한 독서 모임과 프로그램에도 참여할 수 있다. 소전서림의 첫인상은 마치 '인큐베이터' 안에 들어온 듯, 여러 사람 사이에서 지내다가 잠시 분리되어, 오롯이 책에 집중하여 혼자만의 시간을 보낼 수 있게 설계되었다.

회원제로 운영되기에 연간 일정 금액을 지불해야 하지만, 카페에서 한 번에 2~3만원 쓰는 것에 비하자면 전혀 아깝지 않다! 더군다나 강북에 비해 책과 관련된 공간이 적은 편인 강남에 이런 공간을 만날 수 있다는 사실 자체가 반갑다.

"독서를 하기에, 나를 더 나은 사람으로 만들기에 더없이 매력적인 곳."

Recommended by. 강세영, 배달의 민족 브랜드 마케터 / 조아란, 민음사 마케터

소전서림 @sojeonseolim

서울 강남구 영동대로138길 23, 지하1층

素磚書林
SOJEONSEOLIM

9   아모레퍼시픽미술관

동서양의 고미술부터 현대미술까지, 아모레퍼시픽미술관

서울에 자리한 여러 기업의 건물 중, 하나를 꼽으라면 아모레퍼시픽 본사라 하고 싶다. 하나의 커다란 볼륨을 가진 건축물로 그 앞에 서 있자면, 웅장함과 절제미가 동시에 느껴진다. 단아하고 간결한 형태가 마치 달항아리의 아름다움을 연상케 한다. 로비와 지하 1층의 전시실은 모두에게 개방되어 주기적으로 기획전이 진행된다. 전시 구성이 흥미롭고, 쉽게 접할 수 없었던 외국 유명 작가들의 작품도 만나볼 수 있다 보니, 주기적으로 전시 정보를 확인하는 이들이 있다. 조선시대~근대에 이르는 병풍을 주제로 한 전시부터, 가장 최근 개념 미술의 대가 로렌스 위너의 회고전까지 세대를 아우르며, 다양한 국가와 문화의 작품들을 만날 수 있다.

"데이비드 치퍼필드가 설계한 공간, 그 안의 예술을 경험하다."

Recommended by. 김예지, 플레이스 아카이브 운영자 / 유보라, 보마켓 대표

Photo 정희승

AMOREPACIFIC MUSEUM OF ART

10 아트선재센터

정독도서관 사거리의 모퉁이에 자리한 '아트선재센터'. 근대건축의 아버지라고도 불리는 반 데어 로에의 한국인 제자로 이름이 알려진 건축가 김종성에 의해 설계된 공간으로, 다른 미술관에 비해 기능적이고 효율적이면서도 심미적이라 느껴진다. 연간 5~7회 기획전을 선보이고 있으며 이를 통해 국내외로 현재 어떤 작가가 주목을 받고 있는지, 또 동시대 미술의 이슈는 무엇인지 살펴보기 좋다.

"자유로운 상상이 가능한 곳으로, 미술 문화의 다양한 가능성을 엿볼 수 있다."

Recommended by. 심석용, 파카이파카이 브랜드 디자이너 / 유현선, 워크룸 그래픽 디자이너

아트선재센터 @artsonje_center

서울 종로구 율곡로3길 87

11   포스트 포에틱스

가볍게 그리고 오래 머물 수 있는 공간, 포스트 포에틱스

다양한 예술 서적을 취급하는 '포스트 포에틱스'. 이곳은 아트북을 살펴보거나, 구매하고 싶을 때 가장 먼저 찾게 되는 공간이다. 특별하게 큰 특징이 있는 것은 아니지만, 적지 않은 종수를 보유하고 있음에도 찾기 쉽고, 보는 것에도 어려움이 없다. 이게 포스트 포에틱스만의 담백한 맛인 것 같다. 편안하게 책을 볼 수 있는 환경을 조성하면서도, 손님에게 큰 부담을 주지 않는다.

"누구나 가볍게 자주 찾을 수 있는 곳이다."

Recommended by. 김만나, 디자인프레스 편집장 / 하태희, 브랜딩 디렉터, (전)29CM 마케터

Photo San Choi

Shop
shop@postpoetics.kr, +82 (0)2 322 7023
19, Itaewon-ro 54-gil, Yongsan-gu, Seoul 04400

Post Poetics Co., Ltd.

Post Poetics

Photo San Choi

12 　　　　신사하우스

겉으로 보기엔, 여느 다세대 주택과 다르지 않은 공간이 있다. 실제로 사람들이 거주했던 공간인지라, 어딘가 모르게 익숙한 향수가 느껴진다. '신사하우스'는 공간과 예술 그리고 라이프스타일을 연결하는 복합문화공간이다. 서른 개가 넘는 방으로 이루어져, 3차원 공간인 각각의 방 안에서 아티스트와 브랜드가 자신의 영감을 제약 없이 실현할 수 있다. 공간적 특징 때문인지, 이곳에서의 작업은 '따로 또 같이' 있는 듯하다. 무엇보다 같은 공간을 보더라도, 받아들이는 사람에 따라 조금씩 다른 인상을 받기도 한다. 마치 누군가는 화려했던 방으로, 또 다른 누군가는 햇살이 들어오는 창가가 있는 방으로 기억하는 것처럼 말이다. 이 모든 이미지가 모여 신사하우스라는 곳이 이뤄진다.

"오랜 기간 가로수길의 침체에도 불구하고 다양한 콘텐츠로 즐거운 경험을 선사한다."

Recommended by. 이경화, (전)무신사 리테일 기획 및 공간디자인 디렉터

신사하우스 @sinsahouse

서울 강남대로 162길 27

13   워키토키 갤러리

홍은동에 있는 한 주택에서 만나 볼 수 있는 '워키토키 갤러리'. 평상시에는 네 가족이 사는 평범한 가정집이다. 전시 기간에만 1층 공간 일부인 응접실과 작업실을 홈갤러리로 재편하는 시스템. 그래서인지 실제 생활에 쓰이는 가구와 사물들이 전시 작품과 어우러지는 모습을 보는 재미가 있다. 집과 전시라는 형식과 내용 사이의 이질감, 틈새, 충돌을 통해 유쾌한 경험이 만들어지고 이에 더해 평소에 진입할 수 없는 공간의 개방은 보는 이에게 짜릿함을 선사한다.

"동시대 디자인 갤러리, 디자이너와 기획자, 소비자 사이의 경쾌한 송수신을 추구한다."

Recommended by. 전채리, CFC 아트 디렉터

워키토키 갤러리
@walkie_talkie_gallery

서울 서대문구 모래내로17길 59-6

14 포스티스

'포스티스 POHS-THIS', 처음 들었을 때 이게 과연 무슨 의미인지 궁금했다. 비하인드를 들어보니 이름짓기가 어려워, '에라 모르겠다'하는 마음으로 Shit Shop을 적었고, 거꾸로 읽어도 어감이 나쁘지 않아 '포스티스 POHS-THIS'가 되었다고 한다. 이곳에 방문하면 마치 덕후 친구의 오래된 작업실에 놀러 온 느낌이 든다. 작은 평수임에도 방문한 고객과 운영자의 구역이 정확하게 구분되어 있다. 주로 국내외 언더그라운드 브랜드 및 독립 아티스트들의 제작물 zines에 주목하여 이들의 작업을 선보이곤 한다.

"언더그라운드 스트릿 신 하면 떠오르는 공간. 오랫동안 그 자리에 이러한 역할로 남아줬으면 하는 바람이 있다."

Recommended by. 심석용,
파카이파카이 브랜드 디자이너

POHS
-TIHS

15 환기미술관

자연스레 시기를 떨어지는 공간, 환기미술관

"미술관은 내용이다." 이는 '환기미술관' 설립자인 김향안의 말이자, 홈페이지 인사말의 서두이기도 하다. 결국 미술관은 건물을 지칭하는 통상적인 용어일 뿐, 중요한 건 그 안을 채우는 내용이라는 것 아닐까. 환기미술관은 한 번 방문하고서 흥미가 사라지는 요즘의 공간과 달리, 몇 번이고 다시 찾게 되는 공간이다. 김환기 화백의 작품 앞에 서있자면, 매번 다른 감정과 생각이 들기 때문일지도 모른다. 형언할 수는 없지만, 이곳은 이 작품들이 어우러져 마치 살아 움직이는 공간과도 같다는 느낌을 받는다. 북악산 자락에 자리하여, 버스에서 내려 한 번 더 걸어 들어가야 나오는 환기미술관. 화려하게 모습을 드러내지 않더라도 이곳만의 고즈넉함이 가쁜 숨을 돌리며, 분주함을 내려놓게 한다.

"환기미술관을 다니며, 부암동의 고즈넉하고 낙낙한 풍광이 좋아졌다."

Recommended by. 하예진,
누데이크 크리에이티브 디렉터

Photo ⓒ(재)환기재단·환기미술관

환기미술관 @whankimuseum

242

서울 종로구 자하문로40길 63

樹話詩學
김환기

The Poetics of KIM Whanki

환기미술관
WHANKI MUSEUM

Contemporary & Temporary

모두가 성수동을
말하는 이유

컨템포러리(동시대의)함과 동시에 템포러리(일시적인)하다. 서울의
특징을 묘사할 때마다 꺼내 쓰는 문장이다. 이 문장은 10년 전쯤
한국의 건축 듀오 '네임리스 *Nameless*'에게 서울의 특징을 물었을 때
들은 말이다. 영원히 잊히지 않는 찰나가 있는 것처럼, 그들이 표현
한 서울의 특징은 머릿속에서 지워지지 않는 문장이 됐다. 당시 서
른 살이던 나는 성장해 마흔 살이 됐지만, 서울은 변함없이 동시대
를 반영한 문화를 빠르게 이식하고 있다. 빠르다는 건 결국 금방 퇴
색한다는 의미이기도 하다. 특히 시각적 자극이 큰 공간이 있는 동
네라면 더 그렇다. 홍대, 가로수길, 서촌, 부암동, 경리단길, 해방촌,
을지로3가, 망원동, 한남동, 용리단길, 성수동 등등 나열에 나열을
거듭해도 끝맺기 어려울 정도로 사람들은 계속해서 뜨는 동네를 양
성해 왔다. 대부분은 중심 상권 배후에 위치하고, 골목 상권이 발단
한 구시가지라는 공통점을 갖는다. 그리고 그 중심엔 일률적인 풍
경을 거부하는 진취적인 문화 선구자들이 존재했다. 아쉬운 점은
문화 선구자들이 구축한 동네마저도 저무는 곳이 많다는 사실이
다. 혹자는 이런 현상을 자연스러운 경제 논리라고 말한다. 맞는 말
이다. 수요와 공급이 양적으로 증가하니 임대료가 상승하는 것도,
대기업 자본이 밀물처럼 동네를 휩쓰는 건 자연스럽다. 하지만 서울
의 동네는 변화의 속도가 유독 빠르다.

2년 전 잡지사 소속 에디터로 근무할 당시, 동네를 주제로 단행본을 제작한 경험이 있다. 주요 국가의 동네를 통해서 지역 브랜드를 관철하고자 진행한 프로젝트였다. 이때 서울을 가장 잘 보여주는 동네가 어디인지 한참을 고민했던 기억이 난다. 당시 서울에서 뜨는 동네는 단연 용리단길과 성수동이었지만, 의도적으로 두 동네를 가장 먼저 제외시켰다. 실거주자보다 동네를 방문하는 사람들이 더 눈에 들어왔기 때문이다. 상권과 주거지가 조화롭게 어우러진 서촌 일대야 말로 가장 서울다운 동네라고 생각했다. 서촌은 '어느 어느 길' 열풍을 만들어 낸 곳과는 입지조건이 사뭇 달랐다. 삼청동길, 가로수길, 경리단길이 주목받은 이유는 복잡한 도심을 피해서 한적한 길가를 거닐다 보면 적재적소 마주하는 감도 높은 편집매장과 카페, 레스토랑이 주는 운치 덕분이었다. 한데 그런 길에 사람과 자본이 몰리면서 동네 특유의 운치가 점점 사라졌다. 그에 반해서 서촌은 큰 대로변을 중심으로 좁은 길들이 그물망처럼 연결되어 있을 뿐 아니라, 인왕산, 청와대, 경복궁으로 인해 '스타벅스'가 들어와도 동네 특유의 운치를 무너뜨릴 수 없다. 무엇보다 동네 주민들을 중심으로 상업 공간과 창의적 공간이 시작됐다. 동네를 진심으로 좋아하는 거주자들이 자신의 동네에서 공간을 운영하니, 자본이 흘러 들어가도 서촌 특유의 정서를 잃지 않는다.

나는 동네를 주제로 한 단행본을 마무리하고, 오랜 기간 근무한 잡지사를 나와 성수동으로 둥지를 옮겼다. 성수동의 경험은 10개월 정도로 짧지만, 그 어떤 시기보다 강렬했다.

성수동에서 밀도가 가장 높은 구역은 단연 '연무장길'이다. 길이 뜬다는 건 특유의 운치가 존재하기 때문인데, 이상하게도 연무장길에선 전혀 느껴지지 않았다. 만약 운치가 쾌쾌한 '가죽 냄새'와 콘크리트 벽을 허무는 과정에서 발생하는 '굉음', 다양한 원단을

젊어지고 좁은 길가를 내달리는 오토바이의 '경적', 끊이지 않는 밀레니얼 세대들의 '발걸음 소리', 외벽에 덕지덕지 붙은 '홍보용 포스터'라면 전혀 다른 얘기가 되겠지만, 한적함이 주는 편안함도, 벽에 걸린 선반, 물컵 등 공간에 놓인 집기 자체만으로도 감복하게 되는 공간도 성수동에서 경험하는 건 쉽지 않다. 한번은 연무장길 이솝 매장의 사이니지를 보고 적잖게 당황한 적이 있다. 'Aēsop'의 알파벳 'A'가 며칠째 떨어져 있었기 때문이다. 다른 브랜드 매장이라면 으레 저럴 수도 있겠지 생각하고 말았겠지만 브랜드 이미지 검열에 까다롭기로 소문난 이솝이라면 가볍게 넘길 문제가 아니라고 생각한다. 물론 나도 살 안다. 이솝의 사라진 'A' 쯤은 아무도 신경 쓰지 않는다는 걸.

앞 단락은 성수동을 비판하기 위한 글이 아니다. 오히려 성수동이 서울에서 가장 핫한 동네일 수밖에 없는 이유를 증명하기 위한 밑그림이다. 보편적으로 네 가지 요소를 통해서 성수동이 뜨는 이유를 분석한다. 오래된 준공업지역의 낮은 임대료와 언덕 하나 없는 거대한 평지, 강남과 인접한 거리, 이색적인 볼거리. 그런데 나는 여기에서 진짜 중요한 요소가 하나 빠져 있다고 생각한다. 성수동을 오가는 이들의 과거가 동네에 스며들어 있지 않다는 점이다. 좀 더 쉽게 정리하면 성수동의 옛 정서에 취해서 동네를 찾는 사람이 거의 없다는 데 있다. 즉, 성수동 연무장길은 그간 길의 열풍과는 달리 새로움을 찾고자 하는 젊은 세대들의 열망에서 기인한 것이다. 새로움은 동네를 성장시키는 좋은 동력이 된다. 대기업 자본이 오래된 콘크리트 건물을 집어삼켜도, 주변의 맥락과 상관없는 엉뚱한 조형물이 어느 날 갑자기 길가에 뚝 떨어져도 성수동을 즐기는 이들에게 전혀 타격을 주지 못한다. 마치 이솝의 알파벳 A가 며칠째 떨어져 있는 것처럼 말이다. 공사로 인한 동네의 꿀음도, 길거리 곳곳에 놓인 철재도, 인파와 오토바이가 뒤섞인 길가도, 매장의 현란한 디스플레이도 모두 재미 요소로 작용하는 셈이다.

　　일본의 세계적인 건축가이자, 자연과 빛을 건축에 끌어들이는 구마 겐고 *Kengo Kuma*는 20세기 건축을 '이기는 건축'이라고 정의했다. 콘크리트 덩어리를 주축으로 세워진 당시 건물은 육중한 볼륨을 내세우며 환경을 이기고자 했다. 구마 겐고를 비롯한 21세기 건축가들이 볼륨이 아닌 선의 건축을 지향한 이유이기도 하다. 구마 겐고의 얘기를 꺼낸 건 성수동이 이기는 건축으로 뜨는 동네의 비전을 새롭게 제시하고 있기 때문이다. 시대적 관점으로 보면 오히려 역행하는 것 같지만, 흥미롭게도 이런 지점은 소셜미디어에 열광하고 인터넷 검색창으로 전 세계 트렌드 지형을 살펴보는 밀레니얼 세대에게 새로운 파격을 안겨 준다. 이는 을지로3가가 주목받은 이유와 일맥상통한다고 볼 수도 있겠지만, 과거 노포 문화를 즐기거나 추억하는 사람들이 을지로3가 열풍의 중심에 있었다는 점이 성수동의 열풍 현상과는 다르다. 성수동에 '디올'과 '비이커' 매장이 들어섰을 때 일각에선 성수동이 강남을 잇는 럭셔리 상권으로 기능할 수 있다고 점쳤지만, 실제 상황은 그렇지 않다. 이는 성수동에 괜찮은 파인 다이닝 레스토랑을 찾을 수 없는 것과 같은 이유이다. 20~30대 젊은 세대들이 값비싼 브랜드 의류나 가방을 구매하고 파인 다이닝에서 점심이나 저녁을 먹을 확률은 높지 않다. 부유한 30~40대 또한 주차가 까다롭고, 어디든 자극적인 풍경과 소리가 존재하는 동네에서 고급 취향을 소비하는 불편함을 감수하지 않는다. 나는 대형 브랜드가 이를 모른다고 생각하지 않는다. 오히려 이런 상황을 브랜드의 성장 동력으로 활용한다고 생각한다. 세월의 풍파를 제대로 맞은 비루한 건물과 목적과 용도가 불분명한 건물들 사이를 비집고 들어선 대형 브랜드 건물은 청담동이나 한남동과는 전혀 다른 환상을 심어준다.

지금 성수동에선 브랜드의 각축전이 펼쳐지고 있다. '디올'은 자신들의 매장을 갖고 있음에도 다른 블록에 새로운 팝업 전시를 진행했고, '버버리'는 아예 연무장길을 점유해 자신들의 글로벌 프로젝트 '버버리 스트리트'를 선보이며 대중의 이목을 집중시켰다. 컴포트 슈즈 브랜드 '캠퍼'와 브랜드의 혁신을 선보이는 상위 레이블 '캠퍼랩'의 크리에이티브 디렉터 아킬레스 이온 가브리엘 *Achilles Ion Gabriel*은 서울에 방문했을 당시 자신의 인스타그램 계정 스토리에 성수동의 복잡한 풍경을 계속해서 올렸다. 실제로 캠퍼랩은 한국 시장의 가능성을 타진하기 위해 성수동의 한 카페에서 새로운 컬렉션을 선보인 바 있다. 뛰어난 소재와 파스텔 색감을 통해서 여성 패션의 새로운 비전을 제시하는 '팔로마울'은 한국 시장을 내다보기 위해 국내 디자인 스튜디오와 협력해 자신들만의 방법론을 성수동에서 제시했다. 컬트 브랜드로서 북유럽 디자인의 강점을 보여준 '아워레가시' 또한 연무장길 외벽에 자신들의 론칭 포스터를 붙이고, 촬영해 공식 인스타그램 계정에 올렸다. 감각적인 위트를 디자인에 담는 '자크뮈스'는 성수동의 특정 카페를 거대한 핸드백으로 변신시키며 브랜드의 정체성을 시각화했다. 한국 이커머스 시장의 절대강자인 '무신사'도 성수동 한복판에 사옥을 지어 올리며 성수동 곳곳에 자사 브랜드와 다양한 문화 시설을 구축하고 있다. 이는 비단 패션에 국한한 일이 아니다. 라이프스타일 브랜드와 영화, 음반, *OTT* 등 일상생활에 연관된 모든 브랜드들이 성수동에 새로운 판을 깐다. 이벤트의 목적이 사람으로 공간을 가득 메우는 일이라면, 성수동만큼 효과가 확실한 곳도 없다.

성수동에 *10*개월 머물면서 깨달은 건 저마다 다른 환상을 그린다는 것이다. 공간을 전개하며 계속 새로운 기회의 장을 마련하는 문화 혁명가가 있는가 하면, 적당한 공간을 구한 후 의도적으로 비워내 팝업을 유도하는 중개인도 있다. 한번은 사용하지 않은 종교시설을 클럽으로 변경해 파티를 주최하는 집단이 등장한 적이 있다. 컨테이너 같은 건물에서 춤을 춘 기억은 있지만, 교회에서 춤을 춘 경우는 거의 없다. 이 댄스파티는 종교적 이슈로 인해 지속하진 못했지만, 성수동은 이런 말도 안 되는 기획이 현실로 구현되는 곳이다. 한때 서울은 해외 중심 도시의 미니어처 같았다. 베를린이 이목을 끌면 베를린의 무드가 담긴 스타일의 카페와 레스토랑, 각종 스타일의 라이프스타일 제품 등이 새롭게 생겨났다. 코펜하겐이 주목받을 땐 원목 위주의 기능주의 디자인이 공간을 점유했다. 말 그대로 서울의 동네는 컨템포러리함과 동시에 템포러리하다. 이 표현에는 분명 부정적 의미가 담겨 있다. 하지만 성수동에 이 표현을 대입하면 긍정적인 신호로 다가온다. 성수동은 컨템포러리함과 동시에 템포러리하다. 성수동은 새로운 문화를 받아들이기보다 발산하는 쪽에 가깝다. 그래서 동시대적이고 일시적이다. 그리고 이는 성수동만의 독자성을 만들어 내는 힘이다.

글 서재우, 콘텐츠 디렉터

피처에디터 출신으로 매거진 <B> 등의 플랫폼에서 아트·디자인·라이프스타일 기사를 담당하여 잡지를 만들어 왔다. 2022년 TPZ 브랜드 디렉터로 성수동에 '플라츠s'에 이은 '플라츠2'를 오픈하였다. 평소 남긴 사진과 글을 모아 <Trash>에 디션을 출간하며, 현재까지도 콘텐츠를 만드는 일을 이어오고 있다.

우회전시
보행자 주의

성수이로 106→156
Seongsui-ro

생산하는 사람이자
소비하는 사람들

(aka. 라이프스타일 리더)

라이프스타일 *Lifestyle*, 이제는 지나치게 익숙한 말이다. 새로운 삶의 방식을 제안한다는 명분 하에 거의 모든 브랜드가 이를 마케팅 표어로 활용한 지도 오래다. 『이 도시를 사는 법』에서도 '라이프스타일 리더'라 통칭하였지만, 원고를 마무리 짓고 작업 후기를 끄적이는 순간까지 고민이 된다. 더 적합한 표현이 없을까? 우리말로는 '생활양식을 이끄는 사람' 정도로 표현할 수 있지만, 아쉽게도 좀 더 함축적인 단어를 찾지 못했다.

한 가지 의문이 들었다. "변치 않는 가치는 없을까?" 서울이라는 도시에서 삶을 꾸려 가면서, 시류에 맞게 새로운 것을 수용하는 만큼이나 역설적으로 변하지 않는 일상의 것들에 마음이 가기도 하니 말이다. 동시에 궁금해졌다. 각 분야에서 누구보다 활발하게 무언가를 생산함과 동시에 소비하는 사람들, 이들이 도시에서 진정으로 살아내는 이야기는 어떠할까. 새로 고침과 함께 새로운 것이 생성되는 이 도시에서 우리처럼 어느 정도의 불안감을 가지고 살아가고 있을까?

'무언가를 생산하는 사람은 품이 커야 한다'라는 구절이 스친다. 그렇다, 이들은 품이 큰 사람들이다. 자신의 기준으로 판을 짜고, 새로운 흐름을 정의한다. 그렇기에, 피하거나 두려워하기보다 변화라는 파도에 몸을 맡겨, 그 파도를 타는 법을 이야기한다.

라이프스타일 리더 *30*인을 어떤 기준으로 선정했는지에 대해서는, 그간 어반북스가 지속해서 이야기하는 창작자의 총집합체로 설명할 수 있다. *F&B*, 패션, 디자인, 출판, 건축, 네트워킹 서비스, 스타트업, 공유 커뮤니티 등 규모에 상관없이 라이프스타일 분야에서 존재감을 나타내는 이들이다.

'서울 아이덴티티'; '서울을 살아내는 일'; '지금 여기, 서울' 등 『이 도시를 사는 법』의 제호를 선정하는 데도 적지 않은 시간이 들었다. 화자가 라이프스타일 리더이니만큼, 이들이 도시를 어떻게 대하며, 또 어떻게 살고 있는지에 초점을 맞추었다. 이들의 이야기를 통해 서울을 간접 경험하며, 자신만의 고유한 방식으로 도시를 살아내는 법을 발견할 수 있기를 바란다.

강세영 배달의 민족 브랜드 마케터
"서울은 단단한 브랜드가 되어 가고 있다"

김만나 디자인프레스 편집장
"다이내믹 그 자체, 서울"

김예람 블림프 콘텐츠 디렉터
"남이 아닌, 나의 비즈니스를 들여다보기"

김예지 플레이스 아카이브 운영자
"무수히 많은 인사이트가 밀집된 도시"

김용찬 mykc 공동대표
"서울은 과감한 시도가 가능한 도시"

김지은 비이커 바이어
"서울, 급변하는 흐름의 한 가운데"

박기민 MMK 대표
"뜨겁게 달아오른 채 앞으로 나아가는 서울"

박이랑 현대백화점 크리에이티브 디렉터
"지속 가능함을 고민하기"

박찬빈 맹그로브 커뮤니티 기획팀 리더
"관계를 만들어 가는 것이 서울의 숙제"

서동한 스튜디오 프레그먼트 대표
"지속적인 실험과 이벤트의 발생지"

서은아 메타 글로벌 비즈니스 마케팅 동북아 총괄 상무
"무엇이든 처음으로 시도해볼 수 있는 곳"

소호 모빌스그룹 기획 디렉터
"그 어떤 취향이라도 환대하는 도시"

신소현 오이류 대표
"지역의 고유성을 무기로 삼기"

심석용 파카이파카이 브랜드 디자이너
"다양성의 밀도가 높은 도시"

유보라 보마켓 대표
"서울만의 정체성을 만들어 가기"

유현선 워크룸 그래픽 디자이너
"끊임없이 일을 벌이게 되는 곳"

이경화 (전)무신사 리테일 기획 및 공간디자인 디렉터
"오프라인 공간의 기회가 되는 곳"

이봄 SK D&D, ESG 파트 매니저
"서울은 트렌드를 가장 빠르게 읽을 수 있는 곳"

이연수 분더샵 바이어
"서울만의 속도와 유니크함을 놓지지 말기"

전채리 CFC 아트 디렉터
"다양한 레이어가 중첩된, 독특한 에너지의 서울"

조미연 라라디자인컴퍼니 대표
"부지런해야만 살아남는 곳, 서울"

조아란 민음사 마케터
"무한한 가능성의 도시"

조혜빈 엠티엘컴퍼니 브랜드 기획자
"보다 살기 좋은 서울을 만들어 가는 법"

차승희 (전)특급호텔 F&B 기획 총괄
"멈추지 않는 열정의 도시"

최다예 언커먼홈 대표
"나를 감각적인 사람으로 만들어 주는 곳"

최소현 네이버 디자인 & 마케팅 부문장
"멈추지 않고 살아 움직이는 도시"

최원석 프로젝트 렌트 대표
"좌충우돌 예측 불가능의 도시"

최재영 더퍼스트펭귄 대표 건축가
"도시의 발전 과정 그대로를 경험할 수 있는 곳"

하예진 누데이크 크리에이티브 디렉터
"서울의 고유함을 찾아서"

하태희 브랜딩 디렉터, (전)29cm 마케터
"각자의 우주가 조화를 이루는 서울"

*『이 도시를 사는 법』은 우리가 사는 도시 '서울'에서 지켜야 하는 것들에 대한 존중의 마음을 담아, 초판 1쇄 인세를 후원 기금으로 조성하여 (재)내셔널트러스트문화유산기금에 기부하였습니다. (2024년 3월 기준)

　　　이는 본 책자의 인터뷰에 참여하신 라이프스타일 리더 30인 덕분에 가능했습니다. 지면을 빌어 감사의 말씀을 전합니다.

재단법인 내셔널트러스트
문화유산기금
　　　2004년에 설립된 재단법인
으로, 내셔널트러스트 운동의
이름으로 우리나라 문화유산을
보존하는 활동을 이어오고 있다.
www.ntculture.or.kr

이 도시를 사는 법
2024년 4월 30일 초판 1쇄

기획	아키프서울
책임편집	하수민
공동진행	오지수
사진·디자인	북극섬
편집장	김태경
펴낸이	이윤만

펴낸곳	어반북스
주소	경기도 하남시 미사대로 540 B동 328호
전화	070-8639-8004

이메일	info@urbanbooks.co.kr
홈페이지	www.urbanbooks.co.kr
블로그	blog.naver.com/urban_books
소셜미디어	instagram.com/urbanbookskorea

ISBN   979-11-89096-42-7